Apaiser votre STRESS et surmonter les ÉPREUVES avec l'EFT

François Picard

François Picard
Mille-Isles (Québec) J0R 1A0
Canada
Courriel : francois@liberationdestress.com
Sites web : liberationdestress.com
apprendreEFT.com

Apaiser votre STRESS et surmonter les ÉPREUVES avec l'EFT

Dépôt légal 2024
Bibliothèque et Archives nationales du Québec
Bibliothèque et Archives du Canada

ISBN version papier : 978-2-9822401-0-0
ISBN version électronique : 978-2-9822401-1-7

Auteur : François Picard
Couverture : Marjorie Patry
Correction et révision : Ginette Gratton, Audray Kingsley, Odile Wallon
Consultante en édition : Chantal Blanchette de Mini Génie

Pour ma maman

qui est passée de l'autre côté du voile

pendant l'écriture de ce livre

TABLE DES MATIÈRES

PRÉFACE

Cet ouvrage est le meilleur que j'ai pu lire au sujet de la technique EFT. Il est clair, concis et étayé par de nombreux exemples qui permettent de faire des liens avec votre propre vie et vous aidera à vous libérer émotionnellement et physiquement de vos maux du quotidien.

Ce que j'apprécie particulièrement, c'est que cet ouvrage soit porté par l'expérience et surtout le cœur d'une personne qui travaille dans l'amour inconditionnel et le non-jugement de son prochain. Il a par ailleurs dédié les 20 dernières années de sa vie à pratiquer l'EFT, ce qui est le plus important, car de fait, il sait exactement de quoi il parle.

Dans ce livre facile à lire, vous trouverez tout ce dont vous avez besoin pour vous apaiser au quotidien. Si vous êtes déjà connaisseur, vous trouverez également de nombreuses ressources avec des études cliniques qui vous apporteront toutes les explications nécessaires à une compréhension plus poussée.

Avec l'EFT, vous allez vous libérer de vos émotions négatives, les accueillir, les reconnaitre et ainsi les accepter pour pouvoir mieux les gérer.

La force de cette technique est de permettre de prendre en compte le corps et l'esprit dans leur globalité et ainsi de les relier dans un équilibre libérateur d'énergie et de mieux-être.

Lorsqu'on s'attarde au lien entre le corps et l'esprit, cela permet d'apporter un soulagement émotionnel rapide et durable en traitant la cause de l'émotion négative.

L'EFT propose un nouveau regard sur les émotions. Celles-ci nous rendent vivants et nous mettent en mouvement. Nos émotions sont des messagères précieuses. Elles nous informent sur notre état affectif, composé de sensations physiques, agréables ou désagréables, déclenché par une situation précise.

Au fil des différentes étapes d'apprentissage, ce livre va précisément vous aider à ressentir, à accueillir et à comprendre le message que l'émotion véhicule. Il va vous aider à mettre en place des changements dans votre vie, car ces compétences émotionnelles s'acquièrent par l'entrainement.

Bon voyage au pays des émotions !

Catie Bertoux

Experte Consultante et Formatrice certifiée en EFT par Gary Craig (le créateur de cette technique) et Maître Formatrice et Superviseure Certifiée pour EFT International.

Présidente de l'Association EFT France (www.association-eft.fr) qui regroupe dans un annuaire les praticiennes françaises.

Spécialisée dans les « douleurs » et les SSPT « Syndrome de Stress Post Traumatique », Catie est très impliquée dans le monde médical.

Auteure d'un livre paru en 2009 : *EFT — Un outil pour la vie*

Créatrice d'un jeu de cartes EFT pour les novices comme pour les professionnels, pour les guider lors de leurs séances.

Créatrice d'un mini manuel explicatif de la technique EFT avec DVD et témoignages de clients.

PRÉCISIONS AVANT LA LECTURE

Avant que vous commenciez la lecture de ce livre, voici quelques informations et précisions importantes.

L'utilisation du féminin

D'ordinaire, dans un texte, le masculin l'emporte sur le féminin. Étant donné que ma clientèle et mes étudiantes sont surtout des femmes, j'ai décidé d'inverser la règle. Dans ce livre, c'est le féminin qui va l'emporter sur le masculin. Et, bien sûr, le féminin inclut le masculin et toutes les autres variations de genre. Je m'excuse d'avance auprès de Monsieur Larousse et de Monsieur Robert, de l'Académie française, de l'Office québécois de la langue française et auprès de tous les hommes et des autres personnes qui ne se considèrent pas comme des femmes. Comme on dit souvent, c'est l'usage qui dicte comment la langue évolue. Bien que je sois extrêmement heureux, ravi et dans la gratitude lorsqu'un homme participe à mes activités ou vient me consulter pour un accompagnement EFT, mon univers EFT est grandement féminin. Ce livre en sera un témoin réel.

Suivez les recommandations de votre professionnelle de la santé

Il est très important de comprendre que recourir à l'EFT (*Emotional Freedom Techniques*) pour favoriser votre bien-être ne peut remplacer les recommandations de votre professionnelle de la santé, autant sur le plan physique que psychologique. L'EFT est plutôt destinée à compléter l'offre des médecins, des psychologues, des psychothérapeutes et autres professionnelles dans la recherche d'un bien-être optimal.

Vous ne devez en aucun cas arrêter un traitement prescrit par votre professionnelle de la santé sans son accord, et ce, même si vous constatez une nette diminution de vos symptômes. Parlez-en avec elle !

Respectez vos limites

Ce livre est conçu pour travailler avec ce que j'appelle « l'ici et maintenant ». Si vous débutez en EFT, que ce soit pour vous ou pour aider les autres, limitez-vous, dans un premier temps, au travail sur l'ici et maintenant. Le stress au quotidien et les épreuves de la vie sont un bon point de départ. N'essayez pas de trouver les racines d'une problématique et ne tentez pas de nettoyer un traumatisme majeur avec cet outil. Même si, dans la majorité des cas, l'EFT ne provoque pas d'effets secondaires ou de réactions indésirables, veillez à rester dans les limites de l'ici et maintenant. En dehors de ce champ d'action, je vous propose d'avoir recours à une praticienne expérimentée et très bien formée pour un accompagnement en douceur.

Récits, cas et témoignages

Dans les récits, cas et témoignages de ce livre, j'ai systématiquement changé les noms des clientes et des praticiennes pour protéger leur vie privée. Les exemples proviennent de ma pratique ou de celle de collègues, d'étudiantes et de participantes à mes rencontres EFT de groupe. Pour augmenter la confidentialité, je ne mentionnerai pas l'origine des cas, qu'ils proviennent de ma pratique ou de celle d'autres personnes, sauf exception.

La langue

Je suis québécois d'origine. J'ai grandi principalement à Charlemagne, une petite ville du Québec, au Canada. Eh oui ! La fameuse ville où Céline Dion est née. Eh non ! Je ne l'ai pas croisée. Elle est plus jeune que moi.

J'ai décidé de garder mon franc-parler québécois dans ce livre. Cependant, les expressions québécoises sont agrémentées d'explications en bas de page ou d'équivalences internationales entre parenthèses.

AVANT-PROPOS

Voici enfin mon premier livre publié ! Cet ouvrage a été écrit tout juste après l'épisode Covid. Après tout le stress et les épreuves générés par cet épisode, j'ose espérer que ce livre amènera une solution simple et efficace (l'EFT) qui vous aidera à affronter les prochaines sources de stress et épreuves qui se présenteront dans votre vie.

L'EFT, vous allez le découvrir plus loin, correspond à Emotional Freedom Techniques ou, en français, Techniques de Libération Émotionnelle. C'est une série de techniques simples et puissantes utilisées par des millions de personnes à travers le monde pour toutes sortes de problématiques physiques et surtout émotionnelles, mais également pour les blocages, la procrastination, les schémas répétitifs, les difficultés financières ou amoureuses, et j'en passe. J'ai même une participante à mes rencontres EFT de groupe qui l'a utilisée avec succès pour vendre sa maison !

Vous avez entre les mains deux livres en un :

- Si vous désirez apprendre les bases de l'EFT, vous avez le livre parfait pour vous !
- Si vous cherchez un outil simple et puissant pour diminuer votre stress et passer à travers les épreuves de la vie, vous avez le livre parfait pour vous !

Dans cet avant-propos, j'ai l'élan de vous présenter la genèse de ce livre et de répondre à la question « Pourquoi un autre livre sur l'EFT ? ». (Vous découvrirez ce qu'est l'EFT dans l'introduction, mais surtout à la section « Découvrir l'EFT »)

La genèse de ce livre — beding bedang !

Alors que je suis dans la rédaction d'un livre pour aider les gens à trouver l'amour, « la vie » me présente une petite surprise !

- « Non, non, non, arrête tout cela ! Tu écriras un livre sur l'EFT ! » me dit une voix intérieure qui me prend par surprise.
- « Il y en a déjà tout plein de livres sur l'EFT ! » que je réponds à cette voix.
- « Oui, mais tu as une façon unique de l'enseigner ! » me répond cette voix de nouveau.

S'ensuit alors un dialogue intérieur entre les deux parties de moi qui débattent de la pertinence d'un autre livre d'introduction sur l'EFT. Il y a même une troisième partie de moi qui s'invite dans le dialogue avec l'intention de me clouer le bec une fois pour toutes. Cette partie de moi ajoute :

- « Ton livre sur l'amour, tu peux le mettre sur la glace. Tu as un autre chapitre à vivre avant de le terminer ! »
- « Ouais, ouais ! » me dis-je, en constatant que cette troisième partie a probablement raison.

Et tout cela à cause de (certaines diront « grâce à… ») Karine et Louise.

Les deux protagonistes

Karine est celle qui m'a laissé le commentaire suivant alors que je participais au Sommet EFT Virtuel en Éducation de 2021 organisé par Anne Siret. C'est un commentaire qui m'a beaucoup touché. Dans ma présentation, j'expliquais certains concepts de base importants pour calmer ses émotions avec l'EFT. Voici ce que Karine a écrit à la suite de ma présentation :

> *Merci François ! Je t'envoie ma gratitude infinie. Il y a plusieurs points que tu expliques que je n'avais pas forcément appris lors de mes trois niveaux de formation de praticienne EFT… et pourtant, je faisais déjà tout ce que tu expliques intuitivement, géniaaaal. Alors pour moi qui ai un fond de « syndrome de l'imposteur », à toujours me remettre en question, à redouter un peu de m'éloigner de la théorie enseignée, t'écouter m'a fait le plus grand bien : je suis à ma place et en plus je suis compétente dans mon accompagnement de praticienne EFT. Je vibre très fort. De plus, moi qui ai toujours besoin d'en apprendre davantage et approfondir les sujets qui me passionnent, je suis comblée. Tu as nourri ma soif d'apprendre encore plus. Je vais pouvoir aller encore plus loin dans mes accompagnements. Merci.*
> *— Karine*

Mais ce n'est pas tout ! Celle qui a permis la germination de la « graine livresque » que Karine a plantée en moi, c'est Louise. C'est l'une de mes étudiantes certifiées et elle participe à mes rencontres EFT de *tapping* en groupe et de questions-réponses-témoignages. Un jour, elle m'envoie ce courriel :

> *[…] Je trouve ta façon de questionner pour trouver la cible toujours très enrichissante. Même si j'ai entendu plus d'une fois ces explications, je suis contente de les réentendre. J'ai lu une grande partie des livres en français qui parlent de l'EFT et je n'ai jamais rien lu d'aussi précis sur la façon de trouver la cible. Cela mériterait que tu l'écrives. L'analyse des paramètres, en particulier, est un point très important dont il faut tenir compte et qui est, selon moi, très rarement soulevé.*
> *— Louise*

Voilà donc les deux protagonistes à l'origine de ce livre. Merci Karine et Louise ! Sans vous, ce livre n'existerait pas.

Mon élan intérieur

Je fonctionne essentiellement à partir de mes élans intérieurs, en essayant de mettre le plus possible mon ego de côté. Au début du printemps 2022, j'ai l'élan très fort d'écrire un livre qui présente l'EFT d'une façon unique, la mienne. Je me suis donc réservé un moment, à la fin de l'été 2022, pour mettre ce projet en marche.

Lorsque j'ai commencé la rédaction de ce livre, la table des matières était beaucoup plus ambitieuse. Ce que vous avez entre les mains correspond à la première partie du projet que j'avais en tête. La deuxième partie s'intitulait « Pour aller plus loin ». Mais je me suis rapidement aperçu que je me dirigeais vers une brique de 350 pages et plus si j'incluais la deuxième partie dans ce premier livre. J'ai alors décidé de couper le livre en deux.

Vous avez dans ce livre mes 18 années d'expérience et de connaissance pour :

- repérer les cibles à tapoter et créer des rondes EFT[1] performantes, ce qui constitue la base de l'EFT
- le tout, pour diminuer votre stress au quotidien et surmonter les épreuves de la vie.

Pourquoi un autre livre sur l'EFT ?

Des livres d'introduction sur cette méthode, il y en a un certain nombre. Alors, pourquoi un autre livre d'introduction sur ce sujet ? Dans un premier temps, je trouve que la plupart des livres d'introduction sur l'EFT sont un peu trop ambitieux. Bien que l'EFT soit une approche simple, mais très puissante, je trouve dangereux de faire plus ou moins miroiter aux débutantes la possibilité de solutionner énormément de problèmes seulement avec un livre d'introduction. En effet, certains de ces ouvrages prétendent pouvoir régler les problématiques de couple, éliminer les blocages qui empêchent d'atteindre des objectifs, améliorer la vue, éliminer les dépendances, débarrasser les gens de leur insomnie, nettoyer les charges émotionnelles du passé,

[1] Une ronde EFT consiste à se connecter à ses perturbations émotionnelles ou physiques et, en même temps, à tapoter certains points précis sur son corps. Une ronde peut durer entre une et deux minutes.

etc. Il y a même un livre d'introduction qui aborde les traumatismes et les abus en faisant des propositions de ronde EFT !

Dans certains cas, il est en effet possible d'avoir des succès avec ces problématiques seulement avec des notions de base. Mais, souvent, du travail en profondeur est requis, ce qui n'est pas nécessairement à la portée d'une débutante. C'est pour cela que j'ai pris la décision de me limiter à deux problématiques que je considère comme faciles à apaiser pour une débutante : le stress au quotidien et les épreuves de la vie. C'est tout ! Rien d'autre ! Ce livre est avant tout bâti pour que vous deveniez des pros pour ces deux problématiques avec un outil simple et performant qui, je l'espère, sera inclus dans votre trousse de premiers soins émotionnels.

Dans un deuxième temps, je publie ce livre pour une raison pédagogique. On me dit souvent que j'ai une façon particulière d'enseigner cet outil. Vous avez entre les mains le troisième livre que j'ai écrit, mais le premier que je publie. Mon premier projet d'écriture était justement une introduction à l'EFT conçu de façon classique. Vers la fin de l'écriture, en voyant tous les autres livres d'introduction déjà publiés, je me suis dit : « Je n'apporte rien de plus à la communauté EFT avec ce livre. Ce n'est qu'un ouvrage de plus. » Je l'ai donc mis de côté.

Par contre, le livre que vous avez entre les mains est différent. Le titre de la collection dont fera partie ce tome 1 est « Découvrir l'EFT autrement ». Cela aurait pu être « L'EFT comme vous ne l'avez jamais lu ». Mon approche est unique. J'aime simplifier et vulgariser pour présenter de nouveaux concepts, de nouvelles idées. Avec ce livre et les suivants, en plus de bénéficier de mon expérience et de mes connaissances en EFT, vous profiterez d'un de mes rôles principaux de mon ancienne vie (avant d'être à temps plein dans mes passions) : formateur.

Voici donc pourquoi je publie un nouveau livre d'introduction sur l'EFT :

- Je mets l'accent sur seulement deux problématiques importantes pour lesquelles il est facile d'avoir du succès.
- Je présente l'EFT d'une façon unique.

Je vous souhaite de faire de belles découvertes en lisant ce livre !

François

QUI EST FRANÇOIS PICARD ?

Qui est François Picard, l'auteur de ce livre ? Qu'est-ce qui lui donne la légitimité de devenir auteur et de partager ces informations sur l'EFT ? François Picard, c'est moi ! Je suis un explorateur du mieux-être toujours à la recherche d'outils et de techniques, de pratiques ultra-simples et extraefficaces pour favoriser les transformations vers un mieux-être.

Au moment où je publie ce livre, j'en suis à ma huitième année à temps plein à aider les gens à se libérer de ce qui les emprisonne. Pendant les 11 années précédentes, je l'ai fait à temps partiel. J'utilise principalement l'EFT, qui représente pratiquement 80 % de mon activité. L'EFT, j'en mange ! C'est ma passion ! C'est une très grande source de plaisir, de gratitude et de satisfaction. J'accompagne des gens dans des séances individuelles et en groupe. De plus, avec mes formations et mon mentorat, les personnes en relation d'aide peuvent se former à l'EFT pour pouvoir, à leur tour, aider les gens à se libérer de ce qui les emprisonne.

Je suis membre accrédité d'EFT International, sans doute la plus grande association internationale de praticiennes et de praticiens EFT certifiés. J'ai reçu les certifications de praticien, de praticien avancé et finalement de maître formateur auprès de Betty Moore-Hafter qui, elle, a été formée par Gary Craig, le créateur de la technique. Je suis engagé comme bénévole auprès de cette association, dans le sous-comité francophone où nous avons créé, mes amies européennes et moi, la section française du site (https://eftinternational.org/fr/eft-en-francais). J'ai également participé aux deux projets suivants : 1) la mise en place d'un cadre pour offrir les formations d'EFT International en ligne ; 2) la compilation, auprès des formatrices, des meilleures pratiques concernant les exercices dans les formations des niveaux 1 et 2. Mon aventure dans l'univers du mieux-être a débuté avec les approches matérialistes : herbes, huiles essentielles, aliments, cures, etc. Cependant, un séminaire avec Angela Hoffmann sur le décodage des troubles chez l'enfant et un livre sur la médecine nouvelle du Dr Hamer m'ont plongé dans un monde émotionnel fascinant où j'ai accumulé plus de 500 heures de formation en décodage biologique.

Insatisfait de la manière dont cette connaissance était utilisée pour amener les gens vers le mieux-être, j'ai été à l'affût d'une solution simple et performante pour libérer les gens de leurs perturbations émotionnelles, lesquelles jouent un rôle parfois majeur dans leurs problématiques physiques. La vie a mis la TFT (Thought Field Therapy ou Thérapie du Champ Mental en français) de Roger Callahan sur mon chemin, laquelle m'a conduit rapidement à l'EFT de Gary Craig, il y a plus de 20 ans.

Eh oui ! Ma première intervention EFT (sur moi-même), je l'ai faite il y a 20 ans. Je m'en souviens encore. J'étais étendu sur mon lit, tellement la crampe à mon mollet était douloureuse. J'ai « dégainé » mes doigts et commencé à tapoter certains points dans le haut de mon corps, et ce fut magique ! La crampe a complètement disparu en moins de 15 secondes. Je ne pouvais pas m'imaginer à ce moment que l'EFT serait encore au cœur de ma vie, dans mon quotidien, 20 ans plus tard.

Pour vous donner une idée de mon expérience, je me suis amusé à faire des petits calculs dont les résultats m'ont étonné. C'est un exercice qu'on n'a pas tendance à faire spontanément ni souvent. J'ai plus de 3000 séances d'EFT sous la cravate avec plus de 600 clientes. J'ai également animé plus de 100 rencontres de *tapping* en groupe, dont 80, juste pendant les quatre dernières années. Cela représente à peu près 280 interventions EFT de 20 minutes environ. Dans les huit dernières années, j'ai enseigné à près de 200 élèves le niveau 1 d'EFT International. Certaines d'entre elles ont suivi aussi le niveau 2 et la certification de praticienne EFT. Au moment où je publie ce livre, j'en suis à la 30e cohorte de mon prochain niveau 1. Malgré tout ce bagage, vous cernerez mieux qui je suis en lisant les témoignages de mes clientes dans cette section d'un de mes sites : https://liberationdestress.com/temoignages.

J'ai bien l'intention de continuer le plus longtemps possible à aider les gens à se libérer de ce qui les emprisonne. Et à aider les thérapeutes à faire la même chose que moi. J'ai 15 idées de livres dans ma tête. Vous avez le premier entre les mains !

Bonne lecture !

INTRODUCTION

Pendant le plus fort de la pandémie COVID-19, alors que la peur du virus était à son apogée et que les gouvernements nous imposaient toutes sortes de mesures contraignantes, j'ai offert des séances gratuites de *tapping* en groupe pour aider les gens à affronter le stress engendré par cette situation exceptionnelle. C'était une belle occasion de « se calmer le pompon[2] », comme on dit en bon québécois !

Qu'est-ce que le *tapping* en groupe pour « se calmer le pompon » ?

En visioconférence, mes séances de *tapping* en groupe se sont déroulées comme suit :

1. Il y a d'abord une brève introduction.
2. Puis les participantes précisent, dans l'ici et maintenant, ce qui les dérange le plus et la manière dont elles se sentent.
3. Ensuite, je guide les participantes, avec des mots, à travers ce que j'appelle une ronde EFT où, tous ensemble, nous tapotons certains points du corps pour que chacune puisse calmer ses perturbations.
4. Finalement, je travaille de manière individuelle avec une volontaire, devant le groupe, pendant que les autres participantes se placent en position d'observatrices.

[2] Se calmer le pompon : expression typiquement québécoise qui veut dire « cesser d'être exagérément enthousiaste, scandalisée ou paniquée devant une idée ou une situation ».

Pendant une rencontre de *tapping* en groupe d'une heure et quinze minutes, je peux travailler ainsi avec deux à quatre volontaires. Avec chaque volontaire, je fais généralement entre une et six rondes EFT.

Une ronde peut durer de une à deux minutes. Elle consiste tout simplement à tapoter, avec les doigts, certains points du haut du corps tout en plaçant sa conscience sur ce qui se passe à l'intérieur de soi, sur ses perturbations émotionnelles et physiques. « Méthode bizarre ! », Me direz-vous. Je suis d'accord. Par contre, elle est tellement puissante que la bizarrerie de la méthode ne m'a pas empêché d'en faire mon principal outil de transformation auprès de ma clientèle, et ce depuis plus de 18 ans.

Les maux de ventre de Francine

Le 2 avril 2020, j'ai travaillé environ 10 minutes avec Francine. Le confinement a semblé avoir un effet amplificateur sur ses maux physiques. Nous avons fait une seule ronde sur ses maux de ventre, dont l'intensité était de 7 sur 10 : tensions et torsion au ventre. À la fin de la ronde, après un long bâillement, elle m'a décrit : « Il y a de la détente. Le bâillement est venu vraiment spontanément, naturellement, et je sens que ça circule ». À la suite de la ronde, elle a évalué ses maux de ventre à 4 sur 10. Donc une diminution de 7 à 4, après seulement une ronde.

C'est l'histoire de ma vie, l'impuissance de communiquer

Devant ce qui se passe avec la pandémie, Aline, thérapeute, se sent frustrée dans son incapacité à communiquer et à convaincre les gens à propos du pouvoir que chacun possède. Selon elle, on ne doit pas remettre son pouvoir entre les mains des autorités. Pendant la ronde, une prise de conscience émerge : « C'est l'histoire de ma vie, l'impuissance de communiquer, par rapport au système ». Immédiatement après la ronde, le changement est évident. Elle partage, avec grande émotion : « Cela a changé… C'est comme le soulagement d'être entendue ». Elle a confirmé qu'un très grand apaisement s'était installé dans son corps. Tout cela a duré environ 12 minutes. Cela se passait le 9 avril 2020.

J'ai perdu le plaisir de faire l'épicerie[3]

Pour Guylaine, l'intensité de sa frustration était à 7. Frustration d'avoir perdu le plaisir de faire l'épicerie (ou les courses). Psychologiquement, Guylaine était prête à respecter les consignes jusqu'au 15 avril. Mais quand elle a appris que les contraintes allaient s'étirer jusqu'au 4 mai, ça n'allait plus. À la fin de la première ronde, son cerveau lui a montré d'autres façons d'avoir du plaisir. Sa frustration est passée de 7 à 3. Cela à la suite d'une seule ronde ! En tout, j'ai travaillé environ 11 minutes avec Guylaine. C'était aussi le 9 avril 2020.

Cent rencontres EFT en 5 ans

J'ai organisé près de 100 rencontres de *tapping* en groupe dans les six dernières années, ce qui comprend près de 280 interventions d'une durée de 15 à 25 minutes. Je suis toujours épaté de la puissance de cet outil. Celui-ci me permet d'être témoin d'apaisements et de soulagements indiscutables et parfois même impressionnants après seulement quelques minutes de travail. C'est cette technique simple et puissante que j'aimerais vous faire découvrir dans le présent livre.

Une pierre, deux coups — Un livre, deux objectifs

Le nom de cette technique ? EFT pour Emotional Freedom Techniques. En français nous dirions « Techniques de Libération Émotionnelle » ou « Techniques de Liberté Émotionnelle ». On peut également utiliser le terme *tapping*. Faire de l'EFT, faire du *tapping* ou tapoter sont tous les trois synonymes.

Avec ce livre, j'ai deux objectifs principaux en tête :

1. Je veux offrir un outil simple, efficace et qui a fait ses preuves aux personnes qui veulent réduire leur stress au quotidien et mieux affronter les épreuves de la vie.

---

[3] « Faire l'épicerie » au Québec correspond à « faire les courses » en France.

2. Je veux également vous présenter de la manière la plus simple et agréable possible les bases de cet outil.

De nombreuses personnes démunies

Ce livre comporte des enseignements uniques et, en outre, je crois qu'il arrive à point. Pendant les trois dernières années, avec la pandémie de la Covid, nous avons été confrontées à tout un lot d'éléments stressants et d'épreuves diverses. Et je constate que de nombreuses personnes sont démunies pour les affronter. Par ailleurs, même sans pandémie, la vie ne se gêne pas pour nous confronter à des situations stressantes et des chocs de tous genres. Il y a toujours de la place pour des outils simples et efficaces.

L'EFT, sous-estimé

Cette approche, bien qu'elle soit davantage connue et reconnue qu'il y a près de 20 ans, lorsqu'elle est entrée dans ma vie, n'a pas encore toute la visibilité et la reconnaissance qu'elle mérite. C'est un outil très simple à utiliser et extrêmement puissant qui est sous-estimé et méconnu par plusieurs. J'espère que ce livre contribuera à augmenter le rayonnement de cette pratique facile à utiliser et très puissante.

LE CONTENU DU LIVRE
UN SURVOL

Que vous soyez une néophyte ou une habituée de l'EFT, vous trouverez votre compte dans ce livre. Dans l'introduction, je vous révélais les deux objectifs de ce livre et, par le fait même, les deux groupes de lectrices à qui je m'adresse :

1. Celles qui veulent apprendre une méthode pour réduire leur stress du quotidien et affronter les épreuves de la vie.
2. Celles qui sont particulièrement intéressées à cette approche et qui veulent acquérir des bases solides pour s'approprier l'outil.

Si vous faites partie de l'un de ces deux groupes de lectrices, ou même des deux, vous avez quelque chose de très intéressant entre les mains !

Habituellement, un livre se lit linéairement, du début à la fin. Cependant, pour les intrépides et les personnes qui veulent « aller là où ça compte pour elles », j'ai préparé un supplément gratuit qui s'intitule « Quatre parcours selon votre profil ». Ce supplément vous permet de choisir le meilleur parcours pour vous. Je vous y présente les chapitres et sections à privilégier selon l'un des profils suivants :

1. « Je ne sais pas trop ce qu'est l'EFT » ;
2. Les débutantes ;
3. Les habituées, expertes et professionnelles ;
4. Les découragées ou les pas trop convaincues.

Vous pourrez vous rendre à la fin du livre pour savoir comment accéder aux suppléments gratuits.

Toutefois, je présume que la plupart d'entre vous prendront le chemin classique et que vous lirez ce livre linéairement, de la première à la dernière page. Si la table des matières vous suffit pour prendre connaissance du contenu de ce livre, je vous invite à sauter la présente section et à plonger directement dans la première partie « Découvrir l'EFT » et son premier chapitre « L'EFT, qu'est-ce que c'est ? ». Pour les linéaires qui veulent davantage de détails, voici ce que je vous propose dans l'ordre.

Partie 1 — Découvrir l'EFT

Chapitre 1 — Qu'est-ce que l'EFT ?

D'abord, nous découvrirons ce qu'est l'EFT avec quatre points de vue, que je combine par la suite pour en faire une définition exhaustive. Je complète cette définition avec l'analogie de l'extracteur de jus. Eh oui ! Je compare les résultats à du jus. La perle de cette analogie, c'est la compréhension des ingrédients de base, la matière première que vous devez mettre dans la machine EFT pour obtenir des résultats parfois surprenants et même hallucinants.

Chapitre 2 — 64 raisons pour apprendre l'EFT

Par la suite, je vous offre un cocktail, ou plutôt un buffet géant d'informations associées à l'univers de l'EFT, avec 64 raisons (et leurs sources) pour lesquelles vous devriez l'apprendre et l'utiliser. En voici un petit échantillon :

- Cette approche fait l'objet de nombreuses études scientifiques validant son efficacité. Il existerait maintenant plus de 150 études scientifiques publiées dans des revues anglophones. Ces articles, qui valident cette approche, sont vérifiés par des pairs.

- L'EFT est utilisé par des psychologues, des psychiatres, des médecins, des enseignants et même par des athlètes professionnelles.
- L'EFT est reconnu par des personnalités du monde du développement personnel et, surtout, par des associations de professionnelles de la santé, et même par un certain gouvernement.
- Le principe de cette approche va bien au-delà de l'effet placebo. De nombreuses études démontrent un effet réel sur le corps. Certaines personnes prétendent même que cette approche fonctionne sur les animaux.

Partie 2 — Les bases de l'EFT

Chapitre 3 — Les points et trois façons de faire de l'EFT

Connaître les points à tapoter et la manière de les utiliser fera l'objet de ce chapitre. Je vous présente les trois moyens dont je me sers pour faire de l'EFT, dont deux ultrafaciles.

Chapitre 4 — Les concepts de base

Pour vraiment tirer profit au maximum de la technique, vous devez absolument comprendre les concepts de base, vous en imprégner et les intégrer totalement. Ce chapitre 4, c'est LE chapitre que je suggère de lire, de relire, de « rerelire » et même de « rererelire » !

Chapitre 5 — Les précautions

Cette approche est souvent présentée comme une méthode douce. Et, je vous le confirme, la majorité de mes séances en groupe ou en individuel se passent dans la douceur et même souvent avec beaucoup de rires, même si ce qu'on libère est très gros et lourd. Mais, avec une nouvelle méthode, il est toujours préférable de savoir jusqu'où on peut aller, ce qu'on peut faire et ne pas faire, afin d'être davantage en confiance quand on se sert de l'EFT. Je vais donc vous parler des précautions à prendre dans ce chapitre.

Partie 3 — L'anatomie d'une ronde EFT (chapitres 6, 7, 8)

Avec les concepts de base qui imprègnent maintenant chacune de vos cellules, vous êtes prêtes pour aborder l'anatomie d'une ronde. Pour moi, une ronde EFT débute lorsque l'on commence à tapoter et elle se termine à l'arrêt du tapotement. La ronde classique, c'est la troisième façon que je suggère pour appliquer ces techniques de libération émotionnelle. C'est la façon la plus précise, la mieux structurée. Certaines, qui connaissent l'outil, me diront : « Mais voyons François ! Comment peux-tu parler de la ronde pendant près de 70 pages ? » Eh bien... il existe tout plein de subtilités qui feront la différence entre une ronde efficace ou magique, et une ronde ordinaire ou inefficace. Cette partie vous offre tous mes secrets pour faire des rondes performantes, voire même prodigieuses !

Partie 4 — L'EFT au quotidien

Chapitre 9 — Réduire son stress et surmonter les épreuves

Voici le chapitre qui justifie le titre du livre. Armée de votre bagage de connaissances bien garni grâce aux chapitres précédents, vous verrez comment, concrètement réduire votre stress au quotidien et affronter les épreuves de la vie à l'aide de cette méthode.

Chapitre 10 — Si l'EFT ne fonctionne pas

La magie de l'EFT n'est pas au rendez-vous à tous les coups. Des défis se présentent parfois et viennent jeter de l'ombre sur les « résultats wow » que cette approche génère souvent. J'ai donc concocté un chapitre sur les principales raisons qui expliqueraient pourquoi il arrive que l'EFT ne fonctionne pas. La différence entre une pro et une amatrice, c'est souvent la capacité à contourner les obstacles qui font que cette méthode peut parfois décevoir nos attentes.

Chapitre 11 — Scripts, protocoles et méditations EFT

Les protocoles EFT sont tellement populaires sur Internet et dans les livres que je n'ai pas pu m'empêcher de mettre mon grain de sel sur le sujet. Je vous offre mes meilleurs trucs pour tirer profit au maximum de ces protocoles si vous tenez absolument à les utiliser. Je fusionne ici l'accessibilité et la facilité d'utilisation des protocoles avec les principes d'efficacité de l'EFT classique.

Chapitre 12 — L'EFT positif

Certains protocoles ne vont surtout être composés que de positif. Dans ce chapitre, je vous donne tous mes trucs pour tirer profit au maximum de l'EFT positif.

Conclusion — Et après ?

Je termine avec des suggestions pour aller plus loin dans l'univers de l'EFT selon ce que vous désirez accomplir.

Les exercices

Tout au long du livre, je vous suggère des exercices à faire pour intégrer tout doucement cette approche dans votre vie. Ils ont été conçus pour introduire, pas à pas, les concepts importants et les compétences de base que vous devez acquérir pour assurer de bons résultats dans votre pratique. Si vous êtes débutante, ne soyez pas trop ambitieuse. Vous devez apprendre à marcher avant de courir. Maîtriser les fondamentaux et savoir comment les utiliser pour apaiser votre stress au quotidien et surmonter les épreuves de la vie sont de bons points de départ pour assurer le succès de votre pratique EFT.

Suppléments gratuits

Ce livre, ce n'est pas tout ! Je vous ai préparé tout plein de suppléments gratuits : des documents, des quiz, des vidéos qui viennent compléter ce que je vous présente dans ces pages. À la fin du livre, je vous donne les instructions pour y accéder.

Que du plaisir

J'ai eu énormément de plaisir à écrire ce livre. J'espère que vous en aurez tout autant à le lire. Amusez-vous !

PARTIE 1

DÉCOUVRIR L'EFT

CHAPITRE 1

QU'EST-CE QUE L'EFT ?

Quatre points de vue

L'EFT est une approche de plus en plus utilisée à travers le monde. Dans ce premier chapitre, je vous présente quatre points de vue. Ensuite, je conclurai avec une définition finale ainsi qu'une analogie : l'extracteur de jus !

1. Le point de vue de l'observateur

Débutons par ce qui est le plus évident, ce que vous voyez quand vous regardez quelqu'un faire de l'EFT. Vous constatez que c'est une approche où l'on tapote des points sur le corps. La plupart des endroits tapotés se situent sur le haut du corps, et on tapote en disant des mots ou des phrases. C'est la définition de l'EFT que donnerait un observateur. Par exemple, en tapotant sur le côté de l'œil, la personne pourrait dire : « Cette tristesse que j'ai en moi ».

2. Ce que la personne fait, au-delà de ce qu'on voit

Allons maintenant voir un peu plus loin et demandons à la personne ce qu'elle fait lorsqu'elle pratique l'EFT. Elle vous répondra : « Je dois me connecter à mes "pas-bien" », comme dans la phrase « Je ne me sens pas bien ». « Je dois me connecter à la manière dont je me sens en lien avec un de mes problèmes. Donc, surtout, je dois me connecter à une perturbation émotionnelle ou physique, et j'utilise des mots ou des phrases pour favoriser cette connexion. Et, en même temps, je tapote des endroits précis sur mon corps ». Donc, dans cette approche, avec des mots ou des phrases, on se connecte à notre univers intérieur en lien avec une problématique, tout en tapotant certains points de notre corps.

Par exemple, une personne qui aurait perdu un chat auquel elle était très attachée va mettre sa conscience sur ce qui la dérange (mon chat perdu) et sur ce que cela lui fait vivre (tristesse et serrement au plexus). En même temps, elle tapote une série de points sur le corps et elle répète « J'ai perdu mon chat. Je me sens triste et j'ai un serrement au plexus ».

3. Ce qui est sollicité lorsqu'on fait de l'EFT

Les points ne sont pas tapotés au hasard. Ce sont des points associés aux méridiens du corps, qui sont également utilisés par les acupuncteurs et qui ont été décrits, il y a plus de trois mille ans, dans la médecine chinoise. Les méridiens sont définis comme des canaux à l'intérieur du corps où circule une énergie de vie. C'est pour cela qu'on définit l'EFT comme une approche énergétique.

4. Les résultats

Faire du *tapping* (ou du tapotement) génère surtout du calme, de la paix intérieure, de la « zénitude », alors qu'on était, juste avant, dans une perturbation émotionnelle. L'EFT, c'est tout simplement une technique de libération émotionnelle. Cependant, on constate également des impacts sur le corps. L'EFT est aussi une technique de libération physique.

Définition finale

En combinant ces quatre points de vue, on obtient la définition finale suivante.

L'EFT :

- est une approche énergétique (utilisation des méridiens) et physique (tapotement) ;
- consiste à se connecter à ses problématiques, à ce qui nous dérange, ainsi qu'aux perturbations émotionnelles et physiques qui y sont associées ;
- peut utiliser des mots ou des phrases pour favoriser cette connexion ;
- se sert de tapotements sur des points du corps associés aux méridiens, ;
- entraîne une diminution et même l'élimination des perturbations émotionnelles et physiques.

Dès l'instant où l'on commence le tapotement, jusqu'au moment où l'on s'arrête, on accomplit une ronde EFT standard. Une ronde peut durer de une à deux minutes. Et, bien certainement, une séance d'EFT va comporter autant de rondes qu'il y a de « pas-bien » à tapoter.

L'analogie de l'extracteur de jus

On peut aussi expliquer ce qu'est l'EFT avec une analogie que tout le monde connaît relativement bien : l'extracteur de jus. Pour faire un jus vert (le résultat), il faut des ingrédients (la matière première). Pour un jus vert, on pourrait utiliser des pommes, du concombre, du céleri, du chou frisé, du citron, des épinards et du gingembre. Mais ces ingrédients ne se transforment pas en jus par magie ! Il faut un traitement, l'extracteur de jus, pour obtenir le jus de ces fruits et légumes. C'est le même principe avec le *tapping*.

Pour l'EFT, je résume l'analogie de trois façons avec les schémas suivants :

Matière première →Transformation (machine EFT) →Résultats

ou

Mal-être →*Tapping* (EFT) →Bien-être

ou

Stress ou Épreuves →*Tapping* (EFT) →Zénitude

Je vous propose de commencer avec les résultats. On verra ce que cet outil permet d'obtenir. Par la suite, on regardera de quoi vous avez besoin pour obtenir ces résultats. Il s'agit de la matière première de la méthode. On découvrira, en détail, ce qui entre dans la « machine EFT ». Enfin, on verra comment transformer cette matière première, c'est-à-dire quelles actions permettent à la « machine EFT » de générer cette transformation.

Les résultats

Commençons par le « jus », qui correspond aux résultats de l'EFT. Je classe les résultats en deux catégories : les résultats observables pendant une séance de *tapping* et les résultats essentiellement observables après la séance.

Les résultats observables pendant la séance

- Les perturbations émotionnelles disparaissent ou sont fortement atténuées. Le calme, la paix et le bien-être s'installent.
- Les douleurs disparaissent ou sont fortement atténuées.
- Des émergences, souvent des événements du passé, surgissent.
- Des prises de conscience surviennent.
- Des changements de regard se mettent en place.
- Il y a davantage de clarté mentale, ce qui nous permet de trouver plus facilement des solutions à nos problèmes.
- Les croyances se transforment.

- Les charges émotionnelles associées à des événements du passé diminuent et même disparaissent.

Les résultats observables après les séances

- Des synchronicités se manifestent.
- Des changements dans les sensibilités s'installent. Ce qui nous dérangeait ne nous dérange plus.
- Les autres changent comme par magie, apparemment sans raison. Ce qu'ils vous faisaient, ils ne le font plus.
- Vos schémas de vie se transforment et même disparaissent. Vous n'attirez plus ce que vous attiriez auparavant. Vous attirez maintenant autre chose dans votre vie.
- Vos blocages disparaissent. Vous passez à l'action.

La matière première (les cibles EFT)

De quoi avons-nous besoin pour obtenir ces résultats ? J'aime bien résumer la matière première essentielle de cette méthode en utilisant les mots « pas-bien », comme dans les phrases : « Je ne me sens pas bien », « Je ne suis pas bien ». J'utilise l'acronyme SER pour les décrire. *S* pour Sensations du corps, *E* pour Émotions et *R* pour Ressentis.

Ce n'est pas tout ! Pour générer ces « pas-bien », vous avez probablement été en contact avec ce que j'appelle un déclencheur. En effet, ce qui vous a dérangé, c'est peut-être quelque chose que vous avez vu ou entendu.

Finalement, j'ajoute les croyances dans cette liste de matières premières. Les croyances, c'est-ce qui défini ce qui est possible pour vous. Certaines croyances qui vous limitent dans ce que vous désirez ont intérêt à être identifiées et transformées.

Dans le chapitre 4 sur les concepts de base, vous retrouverez en détail les 13 éléments de matière première pour faire de l'EFT :

- Cinq façons d'exprimer comment vous vous sentez
- Sept déclencheurs possibles

- Une explication un peu plus détaillée sur les croyances

L'élément transformateur — Le *tapping*

Revenons à l'analogie de l'extracteur de jus. D'abord, on doit insérer les légumes et les fruits (la matière première) dans l'ouverture prévue et, ensuite, appuyer sur le bouton ! Les ingrédients insérés seront broyés et transformés pour produire le jus désiré. C'est la même chose avec l'EFT. Il faut insérer un SER (souvent précédé d'un déclencheur) dans la « machine EFT » et appuyer sur le bouton, c'est-à-dire tapoter certains points du corps ! Mais cela ne suffit pas. Pour être encore plus précis, regardons les quatre composantes qui favorisent le changement. Je vous les présente rapidement ici, mais elles apparaissent de façon plus détaillée un peu plus loin dans le livre :

1. Le *tapping* de certains points des méridiens (composante obligatoire) ;
2. La connexion avec la cible, un élément de votre univers intérieur que vous désirez apaiser (composante obligatoire) ;
3. Les mots ou phrases prononcés à voix haute, qui décrivent votre univers intérieur, ce à quoi vous devez être connectée (composante optionnelle) ;
4. L'intention positive (composante optionnelle).

La composante principale et obligatoire (composante 1) est naturellement le *tapping*. C'est celui-ci qui génère le changement. Si on voulait résumer la majorité des études qui observent l'effet du *tapping* sur le corps, on pourrait affirmer que le fait de tapoter certains points des méridiens, tout simplement, calme le système nerveux. Ainsi, lorsqu'on se connecte avec précision (composante 2, également obligatoire) à une partie perturbée de son univers intérieur, le *tapping* permet de calmer précisément cette partie.

***** Le *tapping* — Ce qui génère le changement *****

Les composantes 3 et 4 (optionnelles) viennent renforcer et faciliter le principe transformateur du *tapping*. Dans la partie 3 sur l'anatomie d'une ronde (*page 143*), je vous présente ces quatre composantes avec davantage de détails.

Et voilà ! Vous savez maintenant :

- ce qu'est l'EFT (sa définition) ;
- ce dont vous avez besoin pour tapoter (les 13 ingrédients de la matière première) ;
- ce qui est nécessaire pour profiter de la puissance transformatrice de cette approche (les quatre composantes qui favorisent le changement) ;
- ce que cet outil peut apporter dans votre vie (les résultats de l'EFT).

Pour reprendre le schéma du début :

SER+Déclencheur +Croyance →Connexion+*Tapping* →Mieux-être

Prochain chapitre : 64 raisons...

Ce n'est pas tout ! Savez-vous...

- Quel gouvernement d'Europe a décrété que cette méthode méritait d'être sur la liste des approches pouvant faire l'objet de subventions de recherches ?
- Comment un pilote de formule 1 peut-il tapoter avec son casque sur sa tête alors que la majorité des points à tapoter sont sur la figure ?
- Pourquoi beaucoup d'Haïtiennes ne voulaient pas participer à un atelier sur l'EFT à l'intérieur d'un bâtiment ?
- Qu'est-ce que Ginette Reno, chanteuse renommée au Québec, m'a dit en me croisant dans un salon santé ?

C'est ce que vous découvrirez dans le chapitre suivant. Vous entrerez encore davantage en profondeur dans cet univers fascinant.

CHAPITRE 2

64 RAISONS POUR APPRENDRE L'EFT

Voici mon chapitre « cocktail dînatoire », où il y en a pour tous les goûts ! Si vous êtes vraiment novice en EFT ou si vous avez des doutes sur cette approche, vous serez bien servie. Les informations de ce chapitre vont vous plonger dans le monde de l'EFT sous plusieurs angles. Si vous êtes habituée à l'EFT, tout ce qui se trouve dans ce chapitre vous mettra encore davantage en contact avec cet univers fascinant.

Quelle que soit votre connaissance de l'EFT, vous aurez des tonnes d'informations, de ressources et de références sur cette approche très puissante. Sachez que j'ai choisi de rendre disponibles sur Internet les quelque 120 références et ressources contenues dans ce chapitre. Cela me permet de les tenir à jour en direct, d'ajouter des nouveautés lorsqu'elles se présentent et d'alléger ce livre. Voyez les détails de ces informations et comment y accéder dans la section « Comment avoir accès aux suppléments gratuits », à la fin du livre, page 261.

Si vous n'avez pas besoin d'être convaincue des bienfaits de cette approche et que vous désirez savoir rapidement comment vous en servir, je vous invite à passer par-dessus le présent chapitre et à vous rendre directement au chapitre 3, à la page 83.

J'ai appelé ce chapitre « 64 raisons pour lesquelles vous devriez apprendre l'EFT et l'utiliser ». J'aime bien le chiffre huit et je me suis dit que ce serait vraiment intéressant si je pouvais faire découvrir l'EFT en huit thèmes composés de huit éléments chacun. Défi relevé ! Dans ce chapitre, vous découvrirez des choses sur les trois thèmes suivants :

Les résultats de l'EFT :

- Huit effets documentés de l'EFT sur le corps ;
- Huit résultats observables de l'EFT ;
- Huit domaines d'activité où l'EFT a fait ses preuves ;
- Huit problématiques surprenantes où l'EFT peut aider.

La reconnaissance et la popularité de l'EFT :

- Huit reconnaissances qui montrent l'efficacité de l'EFT ;
- Huit nombres sur la popularité de l'EFT.

L'EFT dans le monde :

- Huit événements et lieux où l'EFT est venu à la rescousse ;
- Huit personnalités du monde du développement personnel et du bien-être qui utilisent l'EFT.

Bonne dégustation !

Huit effets physiques de l'EFT sur le corps humain

Débutons par du concret ! Quoi de mieux que de regarder ce que l'EFT produit comme effets sur le corps humain ? Dans la majorité des cas, vous constaterez à peu près la même chose : l'EFT semble tout simplement calmer le système nerveux. Dans cette section, je vous présente huit effets physiques de l'EFT sur le corps humain. Si vous désirez les « voir à l'écran » et également accéder aux ressources et références, je vous invite à vous inscrire à la formation « 64 raisons pour lesquelles vous devriez apprendre l'EFT et l'utiliser » sur apprendreEFT.com. C'est gratuit !

(1) Effet nº 1 — Le sang vivant

Dans une vidéo d'introduction à l'EFT, où Gary Craig, le créateur de la technique, est mis en vedette, une spécialiste du sang vivant recueille des échantillons de sang qu'elle observe au microscope. Typiquement, le sang vivant d'une personne en santé montre des globules bien distancés et en mouvement. Le sang d'une personne ayant des problèmes de santé va montrer des agglutinations de globules et peu de mouvements. Trois personnes montrant un sang vivant problématique ont été sélectionnées. Gary Craig a fait cinq minutes d'EFT avec chacune d'elles. Après seulement cinq minutes de *tapping*, le sang vivant des trois personnes avait significativement changé d'aspect, se rapprochant du sang qu'on associe à la santé. La spécialiste en est restée bouche bée !

(2) Effet nº 2 — Les hormones du stress

Dans une des études scientifiques de 2012 sur l'EFT, on a comparé un groupe recevant des séances individuelles de *tapping* à un groupe ayant reçu des consultations de soutien (psychothérapie [thérapie par la parole]), ainsi qu'à un groupe ne bénéficiant d'aucun traitement. Les symptômes d'anxiété et de dépression ont été significativement réduits pour le groupe EFT comparativement aux deux autres groupes. De plus, le niveau de cortisol, une des hormones du stress présente dans des échantillons de salive, a été réduit de 24 % pour le groupe EFT et d'environ 14 % pour les deux autres groupes. Dawson Church raconte qu'il y a eu des délais avant de recevoir les résultats du laboratoire. Les employées du labo pensaient avoir fait une erreur et ont repris les tests plusieurs fois, tellement les résultats étaient inattendus et spectaculaires.

Une expérience similaire a été faite en 2020. Pour le groupe EFT, le niveau de cortisol a baissé de 43 % ! Pour celui ayant reçu une séance de psychoéducation, la baisse observée fut de 19 %. La baisse du groupe lisant un magazine n'a été que de 2 %.

③ Effet n° 3 — L'amygdale du cerveau

Une recherche de la Harvard Medical School effectuée sur plus de 10 ans a utilisé l'imagerie cérébrale fonctionnelle et la tomographie par émission de positons pour observer l'effet de l'EFT sur le cerveau. Cette recherche a démontré qu'en stimulant des points précis de méridien, on observe une diminution de la réponse au stress de l'amygdale et d'autres zones du système limbique.

④ Effet n° 4 — L'image du cerveau des anxieux

Une étude a démontré, images à l'appui, l'effet de l'EFT sur le cerveau des personnes anxieuses. En comparant des centaines ou même des milliers d'images du cerveau avec l'état émotionnel de la personne, on a été en mesure de montrer à quoi ressemble un cerveau normal par rapport à un cerveau anxieux.

Dans l'image des cerveaux « normaux », pratiquement 100 % du cerveau est de couleur bleu foncé, le bleu exprimant, dans ce système, la normalité, tandis qu'un cerveau anxieux aura seulement 15 à 20 % de bleu. L'étude a également suivi l'évolution des images des cerveaux initialement anxieux. À la suite de quatre séances EFT, le bleu occupe presque 50 % du cerveau. Après huit séances EFT, c'est près de 80 %. Finalement, 12 séances d'EFT vont permettre de retrouver 100 % du bleu, soit 50 % en bleu pâle et 50 % en bleu foncé.

⑤ Effet n° 5 — Les gènes

Deux études rapportent un effet de l'EFT sur l'expression des gènes. Dans l'une des études, l'équipe de chercheuses a trouvé que l'expression de plusieurs gènes a été affectée positivement par l'EFT. Certains gènes associés au système immunitaire ont été activés alors que d'autres, associés au cancer, ont été désactivés. L'étude a plus particulièrement démontré que l'expression d'un des gènes impliqués dans les états de stress post-traumatique, l'interleukine 17A (associé à l'inflammation), a été bloquée dans le groupe utilisant l'EFT. Ce blocage n'a pas été observé dans le groupe de contrôle.

(6) Effet n° 6 — Les ondes électromagnétiques du cerveau

On a effectué une série d'études en utilisant des électro-encéphalogrammes pour mesurer les ondes du cerveau des participantes avant et après des séances de *tapping*. Dans une des études, avant le *tapping*, pendant que les participantes se remémoraient des moments traumatiques, les appareils ont mesuré des ondes du cerveau chaotiques. À la suite d'une séance de *tapping*, les participantes émettaient des ondes cérébrales normales en se rappelant les mêmes événements traumatiques.

(7) Effet n° 7 — L'immunoglobuline E

Dans une étude sur des femmes enceintes, on s'est intéressé à l'hormone du stress, le cortisol, mais aussi à une molécule d'anticorps, l'immunoglobuline E. Plusieurs études ont démontré que plus les femmes enceintes approchent de l'accouchement, plus elles sont susceptibles d'être stressées et d'avoir des taux de cortisol et d'immunoglobuline E au-delà de la normale. On a également établi que des taux élevés d'immunoglobuline E, chez les femmes enceintes, augmentaient la probabilité d'avoir des bébés susceptibles de présenter des allergies et de l'asthme. L'étude sur l'EFT a révélé que, pour le groupe de contrôle, le cortisol et l'immunoglobuline E ont en effet augmenté au cours de la grossesse. Cependant, pour le groupe qui a fait des rondes EFT chaque jour pendant 14 jours, les taux de cortisol et d'immunoglobuline E dans le sang ont diminué.

(8) Effet n° 8 — MEG et la peur de l'avion

En France, une étude a été pilotée par Aymeric Guillot, jeune chercheur et professeur en neurosciences, ainsi que Jean-Michel Gurret, psychothérapeute. Dans cette étude, les deux chercheurs ont exposé, de manière indirecte, une personne souffrant de trouble anxieux grave de phobie de l'avion à des images et à des pensées anxiogènes. Après une séance d'EFT, ces images induisaient moins d'anxiété. En regardant les champs électromagnétiques du cerveau à l'aide d'un magnétoencéphalographe (MEG), les modifications de l'activité cérébrale reflétaient une diminution de l'activité des réseaux susceptibles de déclencher ce trouble anxieux.

Huit résultats observables de l'EFT

Si vous vous assoyez à côté d'une praticienne EFT qui accompagne une cliente, qu'est-ce que vous verrez ? Faites comme si vous preniez le rôle d'une scientifique qui fait une expérience et note les résultats qu'elle voit. Je vous emmène maintenant dans l'intimité d'une séance EFT. Ce sera comme si vous étiez derrière un miroir sans tain et que vous voyiez tout ce qui se passe. Dans cette section, je vous décris huit résultats concrets que vous pourriez observer si vous assistiez à une séance EFT.

(9) Résultat observable n° 1 — Les perturbations émotionnelles diminuent ou même disparaissent

Le résultat le plus évident, ce sont les perturbations émotionnelles qui diminuent ou même disparaissent. Lors d'une séance EFT, il y a souvent des émotions qui surgissent. Inévitablement, si on tapote en boucle, tout cela s'estompe très rapidement et est remplacé par du calme et de la légèreté.

(10) Résultat observable n° 2 — Les douleurs disparaissent

C'est en faisant du *tapping* sur les douleurs que j'ai vu le plus d'yeux écarquillés depuis que l'EFT est entré dans ma vie. Écarquillés par la surprise et la rapidité des résultats. Avec l'EFT, c'est tellement facile de diminuer et même d'éliminer les douleurs avec succès que c'est une problématique qu'on trouve dans les formations de niveau 1 de la plupart des écoles et associations sérieuses. Par contre, dans certains cas, il faut travailler plus fort pour obtenir un résultat permanent. Et en d'autres occasions, il faut compléter l'intervention EFT avec une approche orientée vers le corps.

(11) Résultat observable n° 3 — Les croyances se transforment

C'est assez fascinant de voir des croyances limitantes perdre de leur force et se transformer, seulement parce qu'on les tapote. Personnellement, à un moment dans ma vie de praticien EFT, mes tarifs étaient sous le prix du marché et vraiment sous-évalués par rapport à mon expérience. J'avais énormément de difficulté à augmenter mes tarifs, car je croyais que je perdrais ma clientèle actuelle ou que j'aurais de la difficulté à recruter de nouvelles clientes. Avec l'aide d'une collègue praticienne EFT, j'ai travaillé ces croyances. Aujourd'hui, je suis très à l'aise avec mes nouveaux tarifs, qui sont davantage en accord avec le marché.

(12) Résultat observable n° 4 — Des événements du passé émergent

Une des phrases qui revient souvent dans mes séances EFT, c'est : « François, je n'aurais jamais pensé te parler de cet événement-là ». Avec l'EFT, on ouvre les portes du passé même en tapotant sur des situations actuelles.

Dans le cadre de mes rencontres de *tapping* en groupe, j'ai travaillé avec une dame qui vivait quelque chose de désagréable avec une amie. Elle m'a expliqué : « Elle me fait sentir que ce que je fais n'est pas correct. Elle veut que je fasse comme elle. Et ça m'énerve ! » En discutant, elle s'agite un peu et ajoute : « Il y a quelque chose qui brasse en dedans de moi ». Nous faisons alors une ronde sur ce ressenti. À la suite de la ronde, une émergence se présente avec la phrase : « Je ne fais rien de bien » et la cliente se met à parler de sa sœur. En décrivant ce que sa sœur lui faisait vivre, elle s'aperçoit que c'est un copier-coller exact de ce qu'elle vit avec son amie. Dans une rencontre subséquente, elle me confirme que les interactions avec cette personne l'énervent beaucoup moins.

(13) Résultat observable n° 5 — Les changements de regard

Un changement de regard (en anglais, *cognitive shift*), c'est lorsqu'on voit une situation, une personne ou un événement sous un autre œil, d'une autre façon. La praticienne EFT n'a rien à faire, cela se produit tout seul. Les cas classiques, ce sont les abus, les agressions. Certaines praticiennes ont eu l'occasion de travailler avec des personnes qui ont vécu une enfance jalonnée d'abus et de maltraitance, souvent de la part d'un ou des deux parents. Bien évidemment, les sentiments que ces clientes ont pour leurs abuseurs ne sont pas très tendres. L'EFT agit comme si elle permettait aux clientes de voir les abuseurs tels qu'ils sont : des personnes, elles aussi blessées, qui n'ont pas su faire autrement. Un nouveau regard sur la situation s'installe. De la compréhension, de l'acceptation, de la compassion et du pardon viennent remplacer les sentiments de colère et d'incompréhension qui étaient là avant l'EFT.

*** **Brenda : « J'ai abusé mon frère »** ***

Voici l'exemple particulier d'un changement de regard majeur. Cet exemple est rapporté par le Dr Alexander R. Lees (Canada) dans l'un des 3000 articles du site de Gary Craig. Le Dr Lees raconte l'histoire de Brenda, qui a reçu un diagnostic de dépression 3 ans auparavant. Il utilise une petite astuce pour poser une question clé à Brenda. Il raconte une histoire avec une tierce partie pour augmenter les chances d'avoir une réponse de Brenda, qui hésite depuis le début. Le Dr Lees raconte donc : « Il m'arrive d'être déprimé parfois, et j'appelle mon ami Alex. Un jour il me pose cette question audacieuse : si tu pouvais refaire ta vie et que tu avais une seule chose à changer, qu'est-ce que tu changerais ? J'ai trouvé la question très intéressante. N'est-ce pas ? » Et Brenda de répondre : — Oui. Hum… Ce que je pourrais sauter, éjecter de ma vie ? — Oui. — C'est d'avoir abusé mon frère. Et elle s'écroule en larmes. À la suite de plusieurs rondes, ils enchainent avec le nettoyage de la scène suivante : « Il vient dans ma chambre et me dit quelque chose. Mais je ne me rappelle plus ce qu'il me dit ». Le docteur et sa cliente ont fait une ronde sur cet instant, et là, émergence : « Je m'en souviens maintenant. Il me dit que c'est de ma faute ».

*** **Brenda : « Mon frère m'a abusée »** ***

À la suite de quelques questions et d'une ronde sur « Je me blâme », l'ultime émergence se présente à Brenda : « Ce n'est pas moi qui ai abusé mon frère. C'est lui qui m'a abusée ». Son frère l'a abusée, mais en lui martelant que c'est de sa faute. Elle a donc intériorisé que c'était elle qui avait abusé son frère. Voilà un changement de regard ultime ! Lorsqu'on tapote les émotions entourant une problématique, c'est classique, le voile de l'émotion tombe et permet de voir les situations telles qu'elles sont vraiment.

(14) Résultat observable n° 6 — Les prises de conscience

L'EFT amène de la clarté et de la compréhension dans nos problématiques. Dans les changements de regard, on voit les choses différemment. Avec les prises de conscience, on comprend davantage, on fait des liens. Les prises de conscience que j'observe le plus souvent, c'est quand les personnes font des liens entre la situation qu'elles vivent et la source de ces situations. Tout comme les changements de regard, les prises de conscience émergent, la plupart du temps, spontanément. Voici le cas d'une personne qui a vécu les deux relations significatives de sa vie adulte de la même façon :

- Les deux relations amoureuses durent environ 4 ans ;
- Au début, tout va bien, c'est le bonheur ;
- Mais, après 4 ans, l'homme fait un voyage dans son pays d'origine, ce qui suscite l'inquiétude et l'insécurité de ma cliente ;
- Lorsque l'homme revient de voyage, il n'est plus du tout le même. Il y a quelque chose qui a changé ;
- En fait, la cliente apprend assez rapidement qu'il s'est marié et elle perd cet homme pour toujours.

La cliente a reproduit ce schéma avec deux hommes. Quelle est la prise de conscience qui a émergé ? Eh bien, elle répète exactement ce qui est arrivé avec son père au début de sa vie :

- Elle naît et pendant 4 ans, elle vit une très belle relation avec son père. Tout va bien.

- Vers ses 4 ans, son père quitte la maison sans explication, ce qui génère de l'inquiétude et de l'insécurité chez la petite fille de 4 ans.
- Lorsqu'il revient quelques jours plus tard, il n'est plus du tout le même (il a été diminué par une maladie reliée à un accident de travail et il était en fait parti pour un séjour à l'hôpital).
- Dans son ressenti, c'est comme si la fillette avait perdu son papa pour toujours.

Il y a donc trois relations que j'appelle « copier-coller » puisqu'elles sont composées des mêmes paramètres :

- quatre belles années ;
- un départ qui suscite l'inquiétude, l'insécurité ;
- un retour de l'homme qui n'est plus le même ;
- le constat qu'elle vient de le perdre.

Ce fut une révélation pour cette personne de constater qu'elle a répété deux fois exactement les mêmes paramètres qu'elle a vécus avec son père.

(15) Résultat observable nº 7 — La charge émotionnelle associée à des événements du passé diminue

S'il y a une chose que l'EFT fait très bien lorsqu'elle est maîtrisée, c'est de diminuer les charges émotionnelles qu'on porte à la suite d'évènements du passé. Johanne était incapable de raconter sereinement les quelques événements marquants reliés au décès de son mari, survenu plus de 8 ans auparavant. Après avoir systématiquement nettoyé les charges émotionnelles liées à ces événements, elle a été en mesure de les raconter sans pleurer.

(16) Résultat observable nº 8 — Les changements observés à l'extérieur de la séance

Ces résultats ne sont pas directement observables à l'intérieur d'une séance. Ce sont plutôt des résultats hallucinants qui ont été racontés aux praticiennes et qui ont été observés à l'extérieur de la séance. Un des cas qui revient tout de même souvent, c'est lorsqu'on tapote sur des problématiques ou des événements qui concernent le père ou la mère. Après la séance, il se passe des « hasards bizarres », « des hasards intéressants » ou ce qu'on appelle des synchronicités.

Nathalie raconte ce qui s'est passé le soir même de la séance où la relation au père a été abordée : « J'ai eu un appel de mon père. Jamais il ne m'appelle. Habituellement, c'est ma mère qui communique avec moi. On a eu une très belle conversation, moi et mon père ». Pour une autre personne, le même hasard bizarre est survenu deux jours après la séance où, là aussi, la relation avec le père a été travaillée. Eh bien, son père l'a appelée, ce qu'il ne fait pratiquement jamais et, durant la conversation, il lui a glissé les mots « Je t'aime ». C'était la deuxième fois, dans toute sa vie, qu'elle entendait ces mots de la bouche de son père.

Huit reconnaissances de l'EFT

Lorsque des organisations crédibles ou des personnalités publiques endossent officiellement une technique, cela vaut la peine de considérer celle-ci très sérieusement. Dans cette section, je vous présente huit reconnaissances qui renforcent l'idée que l'EFT mérite une place de choix dans le monde du mieux-être et dans votre trousse de premiers soins émotionnels.

(17) Reconnaissance n° 1 — L'Ordre des psychothérapeutes autorisés de l'Ontario (OPAO)

Dans un document préparé par cet ordre, on trouve des exemples de pratiques qui sont reconnues comme efficaces et pouvant être utilisées dans le cadre d'une psychothérapie. Dans la catégorie des thérapies somatiques, on trouve l'EMDR (Intégration neuro-émotionnelle par les mouvements oculaires) et l'hypnose ericksonienne, mais également la Emotional Freedom Therapy, une autre façon de dire Emotional Freedom Techniques (EFT).

(18) Reconnaissance nº 2 — La US Veterans Administration (VA)

Selon Dawson Church, auteur du livre *Le génie dans vos gènes*, la US Veterans Administration (maintenant appelé U.S. Department of Veterans Affairs) a approuvé l'EFT comme thérapie « généralement sécuritaire ». Cette reconnaissance a été annoncée par le VA Integrative Health Coordinating Center après qu'on ait constaté la sécurité et l'efficacité de cette technique à l'aide des études publiées. Cette approbation signifie que les thérapeutes de VA peuvent utiliser l'EFT pour aider leur clientèle d'anciens militaires.

(19) Reconnaissance nº 3 — Kaiser Permanente

Kaiser Permanente est l'un des regroupements hospitaliers les plus importants aux États-Unis. Leur revue scientifique (*The Permanente Journal*) a publié en juin 2017 un guide d'utilisation de l'EFT pour les cas de syndrome de stress post-traumatique.

Pour les personnes qui risquent de développer un état de stress post-traumatique (ESPT), l'article recommande cinq séances EFT. Selon le consensus qui semble avoir été établi, les symptômes de stress post-traumatique disparaissent avec 10 séances EFT ou moins.

(20) Reconnaissance nº 4 — Les athlètes professionnelles

Si vous faites une petite recherche sur Internet, vous trouverez des vidéos où des athlètes de haut niveau, et même des athlètes olympiques, sont pris en flagrant délit d'EFT. C'est le cas de Bralon Taplin, qui a utilisé l'EFT dans le cadre des Jeux olympiques de Rio en 2016.

(21) Reconnaissance nº 5 — Les critères de l'American Psychological Association (APA) respectés

Une recherche documentaire a permis de trouver 50 études examinées par des pairs qui rapportent ou étudient des résultats cliniques associés au *tapping* de points d'acupuncture, comme l'EFT, pour traiter des problèmes psychologiques. On a soumis les 17 essais contrôlés randomisés de cet échantillon à une évaluation critique, ce qui a permis de conclure qu'ils démontraient systématiquement des effets considérables et d'autres résultats statistiques positifs qui dépassaient, et de loin, les résultats dus seulement au hasard. Les critères de traitement fondés sur les preuves proposés par la Division 12 de l'APA ont également été appliqués et respectés pour un certain nombre de problématiques, notamment les états de stress post-traumatique.

(22) Reconnaissance n° 6 — Royaume-Uni : NICE

Pour la première fois dans l'histoire, un organisme gouvernemental a approuvé l'EFT comme digne de recevoir des fonds de l'État pour des recherches associées au trouble de stress post-traumatique. L'EFT a été inséré dans le nouveau guide de décembre 2018 du National Institute for Health and Care Excellence (NICE) pour le traitement des troubles de stress post-traumatique. Cela sous-entend que l'EFT a été reconnue par le gouvernement du Royaume-Uni comme une méthode pouvant aider les gens qui ont des troubles de stress post-traumatique et qu'il y a assez de preuves pour justifier la poursuite des recherches scientifiques et l'aide gouvernementale.

(23) Reconnaissance n° 7 — L'EFT utilisé par les hôpitaux et les médecins

Le site www.eftandmindfulness.com présente une liste d'hôpitaux et de médecins qui utilisent l'EFT. Voici quelques exemples :

- le Christie Hospital Manchester pour le cancer et les soins palliatifs ;
- le Forth Valley NHS dans le cadre de la thérapie comportementale ;
- le Beechwood Cancer Support Centre ;
- le Central Lancashire NHS, où il y a une étude pilote pour aider les gens à arrêter de fumer ;
- la formation EFT a été financée à la University Hospital Beach, en Ohio, aux États-Unis.

(24) Reconnaissance n° 8 — Des citations EFT pour compléter ces reconnaissances

Voici 10 citations de personnalités et de spécialistes dans divers domaines :

Bruce Lipton, Ph.D.

- Auteur de La biologie des croyances
- « L'EFT est un processus simple et puissant qui peut influencer profondément l'activité des gènes, de la santé et du comportement. »

Deepak Chopra, M.D.

- Pionnier de la médecine alternative
- « L'EFT permet de formidables guérisons. »

Norm Shealy, M. D., Ph.D.

- Auteur de Soul Medicine
- « En supprimant les traumatismes émotionnels, l'EFT aide à guérir les symptômes physiques aussi. »

Donna Eden

- Co-auteure de The Promise of Energy Psychology et de Médecine énergétique
- « L'EFT est facile, efficace et produit des résultats étonnants. Je pense qu'elle devrait être enseignée à l'école primaire. »

Eric Robins, M.D.

- Co-auteur de Your Hands Can Heal You
- "J'utilise souvent l'EFT pour mes patients, avec d'excellents résultats."

Candace Pert, Ph.D.

- Auteure de Molecules of Emotion
- « L'EFT est à la fine pointe des nouvelles techniques de guérison. »

Cheryl Richardson

- Auteure de The Unmistakable Touch of Grace

- "L'EFT est destinée à faire partie des outils majeurs de guérison du 21e siècle."

Henry Altenberg, M.D.

- « En 50 ans de psychiatrie, l'EFT s'est révélée être l'une des techniques les plus rapides et les plus efficaces que j'aie jamais utilisées. »

Dr Curtis A. Steele (psychiatre)

- « L'EFT est l'outil le plus efficace que j'ai appris en 40 ans comme thérapeute. »

Dr Joseph Mercola, directeur du Natural Health Center, à Chicago

- Créateur du site le plus populaire en médecine alternative : mercola.com
- « Dans notre clinique, nous utilisons actuellement l'EFT pour aider les patients à surmonter leurs émotions négatives qui nuisent à leur santé et à éliminer de nombreuses formes de douleurs... L'EFT est désormais une composante majeure de notre programme de traitement. »

En prime, j'ajoute qu'il est intéressant de savoir que l'EFT est maintenant enseignée dans quelques universités françaises.

Huit problématiques où l'EFT a fait ses preuves

C'est toujours intéressant d'utiliser une approche qui est validée par la science. Dans cette section, je vous présente huit problématiques où l'EFT a fait ses preuves.

(25) Problématique n° 1 — Les états de stress post-traumatique

L'état de stress post-traumatique (ESPT) est probablement la problématique où il y a le plus de preuves de l'efficacité de l'EFT. Sur le site d'EFT Universe, il y a près de 30 articles scientifiques qui traitent ce sujet. Selon les études, 4 à 10 séances seraient suffisantes pour diminuer, voire même éliminer les symptômes.

Pour George, un vétéran de la guerre du Vietnam, une grande victoire est survenue en moins de quatre séances. C'est ce que rapporte Kim Eisen sur le site de Gary Craig. George a littéralement vu un collègue soldat exploser à cinq pieds de lui durant cette guerre. Depuis 39 ans, il ne dormait pas plus de deux à trois heures par nuit, incommodé par les *flashbacks* qui pouvaient se présenter à tout moment. À la suite d'une seule séance de *tapping* sur cet événement, pour la première fois en 39 ans, il a eu une nuit de sommeil de huit heures sans interruption. La séance a duré environ une heure. Un suivi deux mois plus tard a confirmé que ses nuits n'étaient plus perturbées comme avant.

(26) Problématique n° 2 — La dépression

Dans le monde de la recherche scientifique, il y a ce qu'on appelle les méta-analyses. Ce sont des études qui analysent l'ensemble de la recherche sur un sujet donné. Il en existe une qui s'est penchée sur 20 études scientifiques traitant de la dépression et de l'EFT. Cette méta-analyse a constaté une réduction moyenne de 41 % des symptômes dépressifs. Selon ces études, on a observé ces résultats après que les personnes dépressives aient reçu de 1 à 10 séances de *tapping*.

***** Dire « je vais bien », j'ai peur que cela attire la malchance *****

C'est le cas d'E., rapporté par Carol Look sur le site emofree.com. E. est une jeune femme de 24 ans qui travaille dans l'entreprise familiale de ses parents. La dépression d'E. provient de nombreux problèmes émotionnels non résolus. Elle souffre d'un profond sentiment de honte à l'égard de sa vie et de ses réalisations avec, en prime, colère, frustration et impuissance chronique.

Après une seule séance, E. ressent un soulagement immédiat dans le bureau de Carol, mais elle est sceptique quant à la durabilité de ce soulagement. E. part avec des devoirs à faire : elle doit tapoter trois fois par jour. Deux semaines plus tard, elle revient en disant : « Je ne veux pas vous dire à quel point je vais bien parce que j'ai peur que cela attire la malchance… Je pense que ces tapotements fonctionnent vraiment… »

(27) Problématique nº 3 — Les peurs spécifiques ou phobies

Peur de l'eau, des endroits clos, des piqûres, des serpents, des hauteurs, des orages, etc. Pour les peurs spécifiques, il y a beaucoup moins d'études que pour les deux problématiques précédentes, mais ces études sont toutes concluantes. Personnellement, j'ai souvent observé la disparition des peurs spécifiques après seulement une seule séance et, la plupart du temps, avec quatre séances ou moins. Parfois, le défi est plus grand. J'ai eu beaucoup de succès avec la peur des piqûres. J'ai aussi accompagné, entre autres, une adolescente qui avait peur des orages, et cela s'est réglé en une seule séance. L'été qui a suivi la séance, elle a pu profiter pleinement de ses vacances à Disney World, en Floride, quelle que soit la météo.

(28) Problématique nº 4 — Les douleurs

L'EFT a été initialement utilisé pour les problématiques émotionnelles, mais, étonnamment, il peut être redoutablement efficace pour les douleurs. Le site d'EFT Universe comprend près de 25 articles scientifiques sur l'efficacité de l'EFT pour les douleurs et les autres symptômes physiques. J'aime bien raconter la période où j'ai aidé à débloquer l'épaule de cinq personnes en l'espace de trois mois au début de l'année 2015. Pour deux des épaules, j'ai travaillé seulement cinq minutes avec l'EFT. Pour les trois autres, on a travaillé de 45 minutes à 2 heures.

(29) Problématique nº 5 — L'anxiété

La presque quarantaine d'articles scientifiques dans la section « Anxiété » du site EFT Universe, y compris les résultats d'une méta-analyse, viennent appuyer l'efficacité de l'EFT pour aider à réduire et même à éliminer l'anxiété.

C'est le cas de Venkat rapporté par Susitha P. sur le site de Gary Craig. Venkat (nom modifié) avait un problème d'anxiété permanente. Il était constamment dans un état de tension. Ses symptômes s'aggravaient lorsqu'il devait rencontrer des gens et lorsqu'il se retrouvait dans des endroits bondés. Auparavant extraverti, il a été contraint de modifier son mode de vie en raison de cette anxiété constante. Il a cessé de conduire, de faire la fête, de partir en voyage et a même évité de faire des courses. Susitha a pu déterminer quand cette anxiété avait débuté et elle s'est attardée à nettoyer cet incident. Cela avait commencé deux ans auparavant, lorsqu'il avait été pris de vertiges sur son lieu de travail. Il s'était évanoui et, même si des gens étaient là pour l'aider, il s'était senti impuissant, faible et incapable de se maîtriser.

Après cet incident, il a constamment craint de s'évanouir à nouveau. Le niveau d'intensité sur une échelle de 0 à 10 pour les battements de son cœur, pour sa tension dans la jambe gauche et dans la tête était constamment entre 8 et 10 avant qu'il commence le travail EFT. Le niveau d'intensité a commencé à baisser après quelques rencontres et est descendu à 4 sur 10. Les commentaires que Susitha a reçus de Venkat un mois après leur dernière séance décrivaient de nombreuses réussites. Il rencontre maintenant les gens avec aisance, il a recommencé à conduire, il a fait deux voyages d'affaires et il n'est plus terrifié par les foules. Il est très heureux d'avoir retrouvé sa vie.

(30) Problématique nº 6 — Les compulsions alimentaires

Les quelques études sur les compulsions alimentaires laissent croire que l'EFT peut produire des résultats immédiats et même durables. C'est tellement facile d'avoir des résultats immédiats ou rapides avec les compulsions que c'est un sujet qui est abordé dans le niveau 1 de la plupart des formations en EFT. Personnellement, dans les salons et expositions santé et bien-être, j'utilise cette problématique pour attirer les gens à mon kiosque. Avec mes croustilles (chips) et mes chocolats au lait qui viennent chatouiller l'odorat des visiteuses, leurs envies élevées avant l'EFT baissent considérablement, à leur grande surprise, après seulement quelques rondes d'EFT.

(31) Problématique nº 7 — Les performances athlétiques

Quelques études ont démontré l'efficacité de l'EFT pour améliorer les performances athlétiques comme le lancer du ballon dans un panier, les sauts verticaux des joueuses de basket-ball, les lancers au but des joueuses de soccer (football) ou pour éviter le yip, cette peur que les golfeuses éprouvent et qui donne des mouvements brusques et incontrôlés.

Sur le site de Gary Craig, Stephen Ladd rapporte le cas de Winston, un golfeur amateur. Le praticien et son client ont fait trois séances au cours d'un mois, deux dans le bureau de Ladd et une sur le terrain, au club de golf. Ils n'ont travaillé que sur le jeu de Winston, en particulier sur son manque de confiance en ses capacités pour le chipping et le putting. Cela semblait se résumer à une croyance (qui lui avait été inculquée par plusieurs entraîneuses de swing) selon laquelle il fallait beaucoup de temps et d'entraînement pour devenir bon dans le « jeu court ». Winston est un PDG très occupé et il lui est difficile de trouver le temps de jouer suffisamment au golf, sans parler des heures d'entraînement sur les verts de pratique. Il se sentait donc condamné à ne jamais pouvoir consacrer suffisamment de temps au golf pour s'améliorer.

***** Ce qui est vraiment bizarre... je n'ai pas fumé depuis 13 jours ! *****

Ladd et son client ont abordé ces croyances limitantes sous plusieurs angles. Les résultats ont été plutôt bons. Winston l'a contacté deux semaines plus tard pour lui dire qu'il avait réalisé son meilleur score sur son parcours personnel et qu'il l'avait battu de deux coups trois jours plus tard ! Il a déclaré que c'était le fait d'économiser les coups autour du vert qui avait fait toute la différence. Mais ce n'est pas tout... Il a rappelé environ 10 jours plus tard pour lui annoncer : « Eh bien, comme vous le savez, mon golf s'est amélioré. Mais ce qui est vraiment bizarre, c'est que je viens de réaliser que je n'ai pas fumé de cigarettes depuis 13 jours ! Je suis fumeur depuis 20 ans. Je fume au moins huit à dix cigarettes par jour. Mais c'est complètement fou ; je pense que j'ai juste oublié de fumer. Je n'ai pas ressenti de manque et j'ai tout simplement oublié. » Cela arrive parfois... On travaille sur quelque chose et des effets secondaires positifs se présentent !

(32) Problématique n° 8 — Les tracas du quotidien et les crises

Une cliente est venue me voir complètement désemparée à la suite du décès de sa mère. Une seule séance EFT a suffi pour la rendre beaucoup plus légère. Le lendemain de la séance, elle m'écrit : « Merci beaucoup, François, pour la séance. Je suis beaucoup moins dans la noirceur ».

Une autre de mes clientes s'est fait larguer le vendredi soir par son mari. Je la reçois en urgence le dimanche matin pour l'aider à sortir de son état de crise. Une heure plus tard, elle va beaucoup mieux, c'est le jour et la nuit.

L'EFT est vraiment l'outil par excellence pour le stress au quotidien et les moments de crise émotionnellement éprouvants. Pour cette huitième problématique, il n'y a pas vraiment d'études disponibles. Il n'y a pas trop d'intérêt à étudier l'EFT pour le stress au quotidien. La preuve, c'est vous qui la trouverez avec ce livre, en expérimentant par vous-même. Si vous désirez être accompagnée, voici deux façons simples d'être en contact avec l'EFT par la pratique : vous prenez rendez-vous avec une praticienne EFT certifiée ou vous assistez à des rencontres de *tapping* en groupe.

Huit problématiques surprenantes où l'EFT peut aider

Voici une des phrases célèbres de Gary Craig, le créateur de l'EFT : « Essayez l'EFT pour tout ! » Dans cette section, je vous présente huit problématiques, domaines, phénomènes où l'EFT n'a pas « scientifiquement fait ses preuves ». Cependant, beaucoup de personnes ont suivi le conseil de Gary avec des résultats vraiment intéressants.

(33) Problématique surprenante n° 1 — les blocages et la procrastination

Il y a un blocage dans votre vie lorsque vous avez deux parties à l'intérieur de vous qui s'affrontent : une partie qui veut et une autre qui ne veut pas.

L'exemple de Cindy, rapporté par JoAnn SkyWatcher sur le site de Gary Craig, illustre bien les problématiques de procrastination. Cindy n'avait pas fait sa déclaration de revenus depuis 3 ans. Le gouvernement lui courait après et elle était très résistante et anxieuse à l'idée de remplir sa déclaration et de prendre rendez-vous avec la personne qui pourrait l'aider à finaliser le tout. JoAnn lui a demandé si elle avait vécu des ressentis similaires dans le passé. Cindy s'est rappelé la fin de ses années au collège, où elle a eu de la difficulté à terminer son projet final (procrastination extrême). En tapotant les émotions et ressentis associés à cette époque, Cindy a repensé à son père. Ce dernier était très autoritaire, et Cindy a eu des difficultés avec lui. JoAnn lui a fait remarquer que le gouvernement représentait également l'autorité. Après avoir tapoté l'épisode du collège et fait quelques rondes sur l'autorité, Cindy, après 3 ans de délai, a enfin pris rendez-vous pour terminer sa déclaration de revenus.

(34) Problématique surprenante n° 2 — Les schémas de vie répétitifs

Un schéma de vie répétitif se dessine lorsqu'une situation désagréable a tendance à se reproduire dans votre vie. Cela peut se retrouver dans les différentes sphères de votre vie professionnelle ou personnelle. De mon côté, une de mes spécialités consiste à aider les gens à trouver l'amour. C'est naturellement dans cette sphère de vie que j'ai observé le plus de schémas qui se répètent. Certaines personnes se retrouvent presque toujours dans des relations impossibles. Pour d'autres, le schéma prend la forme de « je t'aime, tu ne m'aimes pas » ou de « tu m'aimes, mais je ne t'aime pas ».

L'explication de tout cela ? On remarque souvent que le schéma correspond à un copier-coller de ce qu'on a vécu dans l'enfance. Avec l'EFT, une fois ce copier-coller repéré, il s'agit de nettoyer les souffrances de l'enfance qui y sont associées.

(35) Domaine surprenant n° 3 — Les vies antérieures ou le symbole de la partie cachée en nous

Un matin, je me lève avec une très grande douleur au mollet droit, douleur tellement forte que j'ai de la difficulté à marcher normalement. Avancer était difficile. Le midi, avec ma conjointe, j'entreprends une petite séance de *tapping* pour calmer cette douleur. Rapidement, ce qui émerge, ce sont les discussions qu'on a souvent sur la prochaine étape de notre couple en ce qui concerne notre mode de vie. Une partie de moi est très allumée et excitée par ces discussions. Mais avec le *tapping*, je m'aperçois qu'il y a une autre partie qui est un peu craintive et ne veut pas nécessairement avancer vers certaines possibilités où il y a de l'inconnu. On fait une ronde sur cette découverte et, pendant que j'ai les yeux fermés, voici ce qui émerge. Je vois la silhouette de ce qui semble être un bateau viking, et cela sous deux angles différents. C'est comme si je voyais l'ensemble du bateau et, en même temps, je suis un marin, les deux pieds sur le pont du bateau dans une mer houleuse et incertaine. Je vois littéralement le bateau tanguer de gauche à droite. Vie antérieure ou représentation symbolique de mon état intérieur ? Ce n'est pas important. On a tapoté les « pas-bien » du marin et, dans le visuel, le soleil est apparu, la mer s'est calmée. Curieusement, ma douleur au mollet a complètement disparu pour ne plus revenir.

(36) Problématique surprenante n° 4 — La maladie

Dans le site de Gary Craig, le créateur de l'EFT, si vous allez dans la section de ses 3000 articles sur l'EFT, vous découvrirez un répertoire de cas et d'histoires dédié aux maladies graves avec des sous-répertoires sur l'asthme, la sclérose en plaques, le cancer, la fibromyalgie, l'arthrite et le diabète. Vous trouverez également un autre répertoire sur différentes problématiques physiques telles que les allergies, les problèmes de vision, la fatigue chronique, les problèmes de peau et les problèmes digestifs. Il semble donc y avoir des résultats intéressants lorsqu'on utilise l'EFT pour les problématiques physiques.

J'ai rencontré, pour une séance seulement, un homme qui avait une extinction de voix chronique. Dans le cadre de sa profession, cet homme avait besoin de s'exprimer devant un groupe toutes les semaines. Avant notre séance, il avait rencontré une spécialiste de la gorge qui lui avait tout simplement dit : « Monsieur, votre système vocal fonctionne très bien. C'est probablement du stress ».

Cela faisait environ six mois qu'il avait ses extinctions de voix. C'est un homme qui avait eu une promotion au travail et il aurait aimé dire non parce qu'il ne se sentait pas digne du poste qu'on lui offrait. Mais, en même temps, il se sentait obligé de dire oui. Dans ce cas, on voit bien que c'est un stress directement relié à la parole. Je veux dire non, mais je me sens obligé de dire oui. J'aurais préféré ne pas dire oui.

Nous faisons alors l'hypothèse que c'est ce dilemme, accompagné de perturbations émotionnelles, qui a causé ses extinctions de voix. Ainsi, nous avons travaillé, pendant la séance, tous les éléments de ce dilemme qu'il vivait à l'intérieur de lui-même, toutes les émotions que cela suscitait. Une seule séance a suffi pour éliminer son problème de voix. Nous avons échangé des messages à deux ou trois occasions par la suite et il m'a écrit : « François, c'est revenu une seule fois. J'ai repensé à notre séance. Tout est revenu dans l'ordre et ensuite, cela ne s'est plus jamais reproduit ». Après six mois de difficultés vocales, sa voix était redevenue normale.

(37) Phénomène surprenant n° 5 — L'emprunt des bénéfices

Lorsque Gary Craig présentait ses séminaires pour faire connaître sa technique, il faisait des démonstrations sur la scène et invitait les participantes dans la salle à tapoter en même temps. Il s'est rapidement aperçu que les gens dans la salle expérimentaient, par la suite, des bénéfices dans leur vie, souvent pour des problématiques qui ne correspondaient pas directement à sa démonstration. Il a appelé ce phénomène « emprunt des bénéfices » (en anglais *borrowing benefits*). J'aime bien l'expression « bénéfices partagés ». Il s'agit de bénéfices que vous pouvez expérimenter dans votre vie en tapotant en même temps qu'une personne devant vous.

(38) Phénomène surprenant n° 6 — L'EFT à distance

Vous pouvez faire de l'EFT à distance pour quelqu'un qui n'est pas présent dans la pièce avec vous et qui ne fait rien de spécial de son côté. Vous êtes donc l'émettrice active, vous tapotez sur vous-même, et la personne à distance devient une réceptrice passive. Je ne parle pas de séance EFT en visioconférence. Il s'agit plutôt d'un soin à distance où la personne visée n'est pas nécessairement consciente qu'on est en train de l'aider. Cette pratique se nomme le « *tapping* par substitution » (en anglais *surrogate tapping*).

Dans un article sur le *tapping* par substitution, David Feinstein donne l'exemple d'un homme alcoolique vraiment déprimé qui avait un cancer et qui s'isolait. Cet homme ne voulait vraiment pas être aidé. Il avait deux sœurs, dont une qui habitait avec lui. Son autre sœur, mise au courant qu'il traversait une période très difficile, a décidé de faire une petite séance de *tapping* par substitution à distance pour son frère, à son insu. Elle a tapoté pendant une heure comme si elle était son frère, tard le soir.

Le lendemain matin, elle a parlé à sa sœur qui habitait avec lui et qui n'avait aucune connaissance du *tapping* par substitution. Au téléphone, sa sœur lui a raconté : « Ce n'est vraiment pas croyable. Ce matin, Jerry a dit qu'il se sentait très bien et, effectivement, en le regardant, j'ai trouvé qu'il avait vraiment l'air bien. Il se sentait positif. Il avait de l'entrain. C'était comme un miracle ! » La veille, ça n'allait vraiment pas bien pour lui. Il était malade à la suite de ses traitements de radiothérapie pour son cancer et il se roulait de douleur sur le plancher, au point qu'il semblait être sur son lit de mort.

Des exemples comme celui-ci, David Feinstein en a compilé une centaine pour écrire son article sur le sujet. En complément, sur le site de Gary Craig, vous pouvez trouver plus de 50 articles.

(39) Domaine surprenant nº 7 — Pour les fœtus, les bébés et les animaux

Vous devinez bien maintenant qu'avec le *tapping* par substitution, vous pouvez avoir accès aux fœtus, aux bébés, aux jeunes enfants et même aux animaux et leur faire bénéficier de l'EFT.

Dans une vidéo de Gary Craig, une dame raconte l'histoire d'une de ses étudiantes dont la plus jeune fille de 2 ou 3 ans avait une très grande peur de l'eau. Aussitôt que la mère ouvrait le robinet de la cuisine, sa fille quittait la pièce en courant. Le moment du bain était vraiment intolérable pour la petite et elle ne jouait pas avec ses sœurs dans la petite piscine familiale. Pendant que l'enfant dormait dans sa chambre, la dame s'est placée dans la salle de bain juste à côté et elle s'est mise à faire de l'EFT sur elle-même comme si elle était sa fille. Elle tapotait en disant tout ce qui lui passait par la tête avec un lâcher-prise total. Dans certains cas, cela avait du sens, dans d'autres, non. Elle a tapoté pendant environ 20 minutes.

Le lendemain matin, elle a volontairement amplifié le bruit qu'elle faisait avec l'eau pour remplir une théière. Sa fille était assise à la table de la cuisine, elle souriait et s'amusait. Elle n'a pas bougé du tout. Le moment du bain est devenu une partie de plaisir, au point que la fillette ne voulait plus sortir de la baignoire.

En passant, pour l'EFT avec les animaux, vous n'avez pas besoin de le faire par substitution. J'ai deux étudiantes qui ont utilisé l'EFT avec succès pour leurs animaux en tapotant directement sur leur corps ! Au cours d'une randonnée à cheval, une de mes clientes m'a raconté que l'animal ne voulait pas traverser un pont. Quelques rondes d'EFT ont permis de le calmer. Elle a pu traverser le pont par la suite. Une autre cliente m'a dit que son chien aboyait chaque fois que le camion à ordures (camion poubelle) passait. Encore là, elle n'a fait que quelques tapotements, et le stress que le camion poubelle générait chez son chien a définitivement disparu.

(40) Domaine surprenant n° 8 — L'EFT imaginaire

Lorsque j'enseigne l'EFT à mes étudiantes de niveau 2, je leur présente 10 portes d'entrée qu'elles peuvent utiliser pour aborder une problématique avec l'EFT. Parmi ces 10 portes, il y en a une que j'appelle l'EFT imaginaire. Il s'agit de visualiser une situation totalement imaginaire où l'on essaie d'entrer en contact avec les parties de soi-même qui doivent être nettoyées pour une problématique donnée.

Par exemple, vous désirez changer de vie, quitter votre emploi et vivre de vos passions. Il peut exister à l'intérieur de vous-même de multiples obstacles qui vous freinent : des croyances limitantes, des blessures et des pensées. Parmi ces obstacles, il peut y avoir des croyances associées à votre famille. Comment les débusquer ? Dans un tel cas, on peut utiliser l'EFT imaginaire.

Fermez les yeux et imaginez-vous dans la cuisine de vos parents. Devant vous, il y a vos deux parents, vos frères et sœurs, vos grands-parents paternels et maternels. Ils peuvent être vivants ou décédés, ce n'est pas important. Vous les imaginez à l'âge que vous voulez. (c'est une situation totalement imaginaire). Imaginez-vous en train de leur dire : « J'ai une grande nouvelle à vous annoncer. Je quitte mon emploi et je vivrai de ma passion qui est de... » Dans votre construction imaginaire, comment vous sentez-vous en disant cela à votre famille ? Comment chaque membre de votre famille réagit-il ? Qu'est-ce que leurs réactions vous font vivre ?

Tout cela peut faire l'objet de *tapping* destiné à nettoyer tous les obstacles en lien avec le clan familial qui vous empêchent, consciemment, et surtout inconsciemment, de vous lancer.

Personnellement, je n'utilise pas vraiment cette porte d'entrée, mais d'autres, comme Margareth Lynch, aux États-Unis, en ont fait leur spécialité. Lynch utilise cette porte d'entrée pour permettre à ses clientes de contourner le mental et de découvrir les freins qui sont cachés en elles et qui les empêchent d'accéder à leurs pleines capacités et à une plus grande abondance.

Sources et ressources

Les sources et ressources associées aux deux sections précédentes (raisons 25 à 40), ainsi que toutes les références concernant le présent chapitre sont accessibles sur Internet. Voyez comment y accéder à la fin du livre, dans la section « Comment avoir accès aux suppléments gratuits », à la page 261.

Recherches scientifiques

- Sur le site d'EFT Universe, la page *SCIENTIFIC RESEARCH ON EFT TAPPING.*
- Sur le site d'EFT International, la page Science et Recherches.
- Sur le site The science of tapping, la page *Research* Dans ACEP, rendez-vous à la section Energy Psychology Research.
- Sur le site The Tapping Solution, la page Science et Recherches.

Cas, histoires et anecdotes

- Les 343 articles d'EFT International (anglais).
- Les 384 articles de Geneviève Gagos (français).
- Les 3000 articles d'Emofree.com (anglais).
- Les 5000 articles d'EFTUniverse.com (anglais).

Huit nombres révélateurs de la popularité de l'EFT

Si vous n'avez jamais entendu parler de l'EFT, vous n'êtes pas la seule. Par contre, si vous commencez l'aventure EFT, je vous le garantis, vous ne serez pas seule. Dans cette section, je vous présente huit nombres qui témoignent de la popularité de l'EFT. J'y vais du plus petit nombre au plus grand.

(41) Nombre n° 1 : 8

C'est le plus petit nombre de la liste. Il est certainement plus élevé, mais huit, c'est le nombre des principales variations de l'EFT que j'ai trouvées. Lorsque Gary Craig, le créateur de l'EFT, a pris sa retraite, en 2009, il a légué au domaine public les noms EFT et Emotional

Freedom Techniques. Plusieurs personnes se sont approprié la technique et ont créé leur propre méthode. Certaines variations sont légitimes, d'autres controversées. Voici un échantillon, en ordre alphabétique, de huit des principales variations :

- FasterEFT (Robert Gene) ;
- Identity Healing (Andy Hunt);
- Picture Tapping Technique (PTT—P. Davis et C. Sutton);
- Protocoles, scripts et méditations EFT ;
- Quantum EFT (Vie antérieure et EFT — Jenny Johnston) ;
- Réencodage de la matrice (Karl Dawson) ;
- SET (Simple Energy Techniques—S. Wells et le Dr D. Lake);
- Wholistic Hybrid of EMDR and EFT (WHEE ou TWR : Transformative Wholistic Reintegration—Dr Daniel Benor).

(42) Nombre n° 2 : 122

C'est le nombre de formatrices, en janvier 2024, accréditées par EFT International (EFTi), une des plus grandes, sinon la plus grande association internationale de praticiennes et de formatrices EFT certifiées. Ces formatrices sont présentes dans près de 21 pays. Votre humble serviteur, dans sa cabane au Canada, fait partie de cette belle famille de 122 formatrices.

(43) Nombre n° 3 : 311

Trois cent onze, c'est le nombre de livres de langue anglaise que je trouve dans Internet chez un fournisseur de livres bien connu (j'ai pris le site canadien) quand on fait la recherche avec les mots « EFT *tapping* », avec les guillemets. En faisant le même exercice (mots « EFT *tapping* ») sur l'équivalent français (site français), et en forçant la langue à « français », je trouve 12 livres. Mais avec seulement le mot « EFT », je trouve près de 130 livres (recherche faite en janvier 2024).

(44) Nombre n° 4 : 2860

Deux mille huit cent soixante, c'est le nombre de praticiennes actives qu'on trouve dans les bottins de six associations ou écoles que je qualifie de sérieuses. Bien certainement, il y a beaucoup d'autres associations ou écoles. J'en ai sélectionné six que je connais bien. La plus grande que j'ai trouvée est celle dont je fais partie, EFT International, avec 1200 praticiennes certifiées réparties dans plus de 25 pays. Ces chiffres ont été compilés en février 2024. Voici, en ordre alphabétique, les écoles et associations que j'ai considérées :

- Association for Comprehensive Energy Psychology (ACEP);
- Centre EFT de Gary Craig;
- École EFT France ;
- EFT International ;
- EFT Universe;
- IFPEC.

(45) Nombre n° 5 : 475 000

On change de catégorie ! En 2009, lorsque Gary Craig a annoncé qu'il prenait sa retraite et cessait de faire de l'EFT, il a affirmé dans son communiqué que sa liste de contacts comprenait 475 000 adresses courriel de personnes intéressées par l'EFT. C'est assez impressionnant pour une seule personne et, de plus, sur un sujet aussi pointu que l'EFT.

(46) Nombre n° 6 : 1 000 000 et même plus !

Un million, c'est le nombre de fois que le guide gratuit de Gary Craig aurait été téléchargé en anglais. Ce nombre n'inclut pas les traductions dans plus de 20 langues.

(47) Nombre n° 7 : plus de 2 000 000

Selon Nick Ortner, c'est le nombre de personnes qui auraient participé à son EFT World Summit pour les 14 premières années, dont 600 000 en 2022 seulement. Si vous ajoutez les participantes du Congrès Virtuel EFT organisé par Maria Annell et Noëlle Cassan ainsi que du

Sommet EFT Virtuel en Éducation mis sur pied par Anne Siret, en plus des autres sommets, cela donne un très grand nombre de personnes qui ont un intérêt certain pour l'EFT.

(48) Nombre n° 8 : 10 000 000

Toujours selon Nick Ortner, il y aurait plus de 10 millions de personnes dans le monde qui auraient utilisé l'EFT. Ce chiffre provient des administrateurs d'EFT Universe, qui prétendent rejoindre 10 millions de personnes par année avec leur site web, leur bulletin de nouvelles, leurs livres, leurs émissions de radio, leurs formations et certifications ainsi qu'avec les médias sociaux.

Huit événements et lieux où l'EFT est venu à la rescousse

Dans cette section, je vous présente, sans ordre particulier, huit événements tragiques ou lieux où l'EFT et son grand cousin, la TFT (Thought Field Therapy), sont venus à la rescousse de personnes en mauvaise posture.

(49) Lieu n° 1 — Le Rwanda

Au Rwanda, plusieurs initiatives avec l'EFT et la TFT ont été mises en place pour aider les personnes ayant vécu les atrocités du génocide. Le projet Light, organisé par la docteure Lory Leyden, figure parmi les plus connus. La Dr Leyden rapporte dans un article avoir travaillé avec un groupe de 100 orphelines. Le premier jour, elle a demandé aux jeunes filles quel type de blessure elles voulaient travailler. Elles ont choisi les blessures associées au viol, viols subis ou viols dont elles ont été témoins. Tout cela l'a un peu découragée. Le groupe évaluait les perturbations émotionnelles à 9 sur 10 pour ces blessures, 0 indiquant aucune perturbation et 10 représentant l'intensité maximale. Après trois rondes d'EFT, l'évaluation était tombée à deux. En outre, l'installation d'une énergie de paix dans la pièce était si palpable qu'on pouvait en sentir le caractère sacré. Mais le vrai test arrivait. Au même moment, on avertissait que le repas était prêt. On a demandé aux participantes si elles voulaient encore rester tranquilles quelques minutes ou aller manger. Elles ont répondu sans hésitation qu'elles voulaient rester pour continuer à expérimenter la paix qu'elles ressentaient dans leur corps.

(50) Lieu n° 2 — Le Congo

Une étude sur l'EFT a rapporté une efficacité comparable aux thérapies comportementales pour des femmes réfugiées de la République démocratique du Congo qui avaient subi des agressions sexuelles. Dans le cadre de cette étude, on a offert huit séances d'EFT de deux heures et demie chacune pendant quatre semaines. On a ensuite observé de très grandes améliorations.

(51) Événement n° 3 — Le tremblement de terre de 2010 en Haïti

Le 12 janvier 2010 en Haïti s'est produit un tremblement de terre qui a fait plus de 280 000 morts, 300 000 blessés et 1,3 million de sans-abri ainsi que des milliers de personnes victimes de troubles psychologiques. En mars 2011, l'organisation à but non lucratif Énergie Psy Sans Frontières a demandé si Jean-Michel Gurret pouvait se rendre en Haïti pour former des volontaires locaux à la technique d'EFT.

Pendant une semaine, Jean-Michel Gurret, avec l'aide de Claudie Caufour, spécialiste de l'organisation, a enseigné l'EFT à environ 300 personnes. L'atelier s'est déroulé dans une grande tente, car plusieurs participantes traumatisées par le tremblement de terre ne pouvaient pas rester dans un bâtiment. Gurret et Caufour ont également effectué une évaluation psychologique à l'aide du questionnaire PCL-S. En moyenne, les symptômes de l'état de stress post-traumatique (ESPT) du groupe avaient diminué de près de 60 % après seulement trois séances collectives.

(52) Événement n° 4 — New York, le 11 septembre 2001

Le 11 septembre 2001 à New York a eu lieu un des attentats les plus spectaculaires et dévastateurs à s'être déroulé en sol américain : 6291 personnes blessées, 2973 personnes décédées, quatre avions détournés et détruits ainsi que plusieurs immeubles détruits, dont les deux fameuses tours jumelles du World Trade Center. Les événements du 11 septembre ont été vécus presque en temps réel par des centaines de millions de téléspectatrices à travers le monde et ont provoqué un choc psychologique considérable. Il y a eu plusieurs interventions avec l'EFT et la TFT pour aider des gens qui avaient été affectés par cet événement tragique.

Par exemple, il y a eu les symptômes de Mark, premier répondant, qui a souffert d'ESPT pendant 8 ans. Selon Dale Paula Teplitz, avec qui il a travaillé, ses symptômes ont pratiquement disparu en seulement quatre séances d'EFT. Il y a eu aussi une dame de 39 ans qui travaillait tout près du World Trade Center lorsque la tragédie s'est produite. Deux séances de TFT furent suffisantes pour elle ; elle a pu se débarrasser de ses cauchemars et de ses *flashbacks*, de son anxiété associée aux avions et à d'autres bruits, de ses angoisses de la foule, de sa colère et de sa culpabilité de survivante.

(53) Événement n° 5 — L'ouragan Katrina

En 2005, Katrina a été l'un des ouragans les plus puissants de l'histoire des États-Unis et l'un des six ouragans les plus forts jamais enregistrés. Environ 1836 personnes sont décédées, victimes de l'ouragan et des très fortes inondations, ce qui a fait de Katrina un des ouragans les plus meurtriers. Quatre mois après Katrina, une équipe de 12 praticiennes en TFT s'est rendue à La Nouvelle-Orléans pour offrir des traitements et des formations aux victimes de la tempête. Les données compilées par l'une des praticiennes, la docteure Caroline Sakai, ont montré que sur les 22 clients qu'elle a traités, le score moyen de 51 symptômes est passé de 8,14 à 0,76 après, dans la plupart des cas, une seule séance de moins de 15 minutes.

(54) Lieu n° 6 — Le Kosovo

À la fin des années 1990, le Kosovo a été le théâtre de crimes de guerre, de crimes contre l'humanité et d'autres violations du droit international, humanitaire et relatif aux droits de la personne.

Carl Johnson est un psychologue-clinicien qui, avant sa retraite, était spécialiste du stress post-traumatique auprès de la Veterans Administration, aux États-Unis. Environ un an après que l'OTAN eut mis fin au nettoyage ethnique au Kosovo, Johnson s'est retrouvé dans une caravane, dans un petit village où les brutalités avaient été particulièrement graves. Le médecin local lui a dit avec inquiétude que tout le monde dans le village avait peur d'un des hommes qui attendaient à l'extérieur. Johnson a demandé au médecin d'inviter l'homme dans la caravane. Il a mentionné que cet homme avait un regard assez vicieux et il le sentait effectivement dangereux.

Johnson a demandé à l'homme de se rappeler son souvenir le plus difficile de la guerre. Alors que l'homme évoquait ce traumatisme, son visage se tendit, rougit et sa respiration s'accéléra. Pendant qu'il racontait, Johnson a tapoté des points d'acupuncture précis. En 15 minutes, le comportement de l'homme a complètement changé. Son visage s'est détendu et sa respiration est redevenue normale. Il a ouvertement exprimé sa joie et son soulagement. Il a commencé à faire des câlins à Johnson et au médecin. Puis, toujours souriant, il s'est brusquement dirigé vers l'extérieur, a sauté dans sa voiture et est parti, tout le monde regardant la scène avec perplexité.

(55) Lieu n° 7 — Le Sénégal

L'association I'désir s'est rendue au Sénégal pour diffuser des techniques de psychologie énergétique EFT dans les écoles. Quarante futures praticiennes EFT ont été formées par Olivier et Valérie Broni et leur équipe. Ensuite, ils se sont dirigés vers des écoles pour apprendre l'EFT aux enfants. Comme résultat, on a observé un grand soulagement des perturbations émotionnelles chez les enfants qui vivaient des deuils, des séparations, des maladies et des handicaps.

(56) Événement n° 8 — Newtown

Le 14 décembre 2012, dans une école primaire du village de Sandy Hook, aux abords de Newtown, dans l'État du Connecticut, aux États-Unis, Adam Lanza a abattu 26 personnes, dont 20 enfants de 6 à 7 ans.

Or, il s'avère que Nick Ortner habite justement Newtown. Dans le monde de l'EFT, aux États-Unis, Nick Ortner est l'une des personnes les plus connues. C'est lui qui pilote depuis plus de 15 ans l'EFT World *Tapping* Summit, entre autres. À l'aide de sa fondation, Ortner a mis en place une structure pour soutenir avec l'EFT les nombreuses personnes touchées par la tragédie. Dans le cas d'Ed Sheehy, premier répondant sur les lieux, l'EFT lui a permis de retrouver la paix et le calme. Après l'événement, il était devenu comme absent. Il ne répondait pas lorsque sa femme lui parlait. Il devenait colérique pour des riens et était devenu dépendant au travail. Sa femme témoigne qu'avec l'EFT, il est redevenu l'homme qu'il était lorsqu'elle l'a rencontré à 18 ans.

L'EFT est à coup sûr l'outil de choix à mettre dans sa trousse de premiers soins émotionnels pour venir en aide aux personnes touchées par de gros traumatismes.

Huit personnalités du monde du développement personnel et du bien-être qui utilisent l'EFT

Vous serez sûrement d'accord avec moi : plus il y a de personnes qui utilisent l'EFT, plus la technique peut être considérée sérieuse, pertinente et efficace. Lorsque des personnalités reconnues dans le monde du développement personnel s'en servent, on peut certainement penser que cette approche est vraiment efficace. Dans cette section, je vous présente sept personnalités publiques associées au monde du développement personnel qui ont utilisé ou utilisent l'EFT soit pour elles-mêmes, soit pour les personnes qu'elles accompagnent. La huitième personne de la liste ? Une petite anecdote que j'ai personnellement vécue.

(57) Personnalité publique nº 1 — Martin Latulippe

Martin Latulippe est avant tout un conférencier de renommée internationale. Il est également coach et auteur de quatre *best-sellers*. Il a accompagné des clients dans plus de 25 pays de la francophonie mondiale.

Martin a connu l'EFT grâce à sa femme. Celle-ci s'en est servi pour calmer ses anxiétés reliées à l'accouchement de son premier enfant, qu'elle voulait le plus naturel possible. Sceptique au début, Martin trouvait même cette technique un peu insolite. Mais, voyant les résultats étonnants de sa femme, il s'est laissé convaincre et a utilisé l'EFT avec succès pour ses propres crises d'anxiété. Le grand avantage pour lui, c'est qu'il est possible d'apaiser ses anxiétés soi-même, sans dépendre de quelqu'un d'autre, que ce soit un ami, un thérapeute ou un coach. Un des moments où l'EFT est venu à sa rescousse, c'est lorsqu'il devait partager la scène avec Jack Canfield, l'auteur de la collection *Bouillon de poulet pour l'âme*. Il était tellement nerveux avant d'entrer en scène avec Jack, qu'un peu d'EFT s'imposait.

(58) Personnalité publique nº 2 — Bruce Lipton

Bruce Lipton est un chef de file mondialement reconnu dans le courant qui relie science et spiritualité. Il est biologiste cellulaire, auteur à succès du livre *La biologie des croyances* et il a reçu un prix pour la paix en 2009. Les découvertes de Lipton, qui vont à l'encontre de la vision scientifique établie selon laquelle la vie est contrôlée par les gènes, ont mené à l'un des domaines d'études les plus importants de nos jours : la science de l'épigénétique.

Bruce Lipton propose l'EFT comme l'un des outils pouvant transformer les croyances. Dans une vidéo sur le site de Conversation Papillon, disponible en français, il nous explique que l'inconscient peut utiliser trois façons pour apprendre. La troisième façon est la psychologie énergétique, dont fait partie l'EFT. Selon Lipton, grâce à cette nouvelle technique, on peut changer la partie cachée de notre univers intérieur très rapidement.

(59) Personnalité publique nº 3 — Alexandre Nadeau

Au Québec, Alexandre Nadeau est bien connu par celles qui désirent améliorer leur vie et faire un travail intérieur. Il se définit comme un expert en transformation humaine. Il a accueilli 20 000 participantes à ses formations, il a 20 ans d'expérience et a reçu plus de 700 pages de témoignages ; Alexandre est véritablement un chercheur dans le domaine du développement humain.

Une des nombreuses techniques qu'il emploie est l'EFT. Il utilise parfois la version courte dans le cadre de ses formations. Il a également expérimenté avec succès une version simplifiée où il tapote un seul point qu'il appelle la « technique de l'épaule ». Alexandre fut l'un des invités à l'édition 2018 du Congrès Virtuel EFT, où il a fait une intervention intitulée « Libérez-vous du moule financier ».

(60) Personnalité publique n° 4 — Le docteur Mercola

Selon alexa.com (2019), mercola.com est le site n° 1 en médecine douce. Il a été fondé par le docteur Joseph Mercola et a plus de 1,7 million d'abonnées dans le monde entier. Le docteur Mercola est ostéopathe et praticien en santé naturelle.

En explorant et en approfondissant les divers problèmes de bien-être auxquels on fait face tous les jours, il a constaté que la santé émotionnelle était un élément important du bien-être physique d'une personne. Un de ses outils de prédilection pour réduire naturellement le stress émotionnel est justement l'EFT. C'est une technique qu'il recommande à ses patientes et qu'il utilise dans sa pratique.

(61) Personnalité publique n° 5 — Louise Hay

Selon les médias australiens, Louise Hay serait la personne la plus proche d'une sainte vivante. Elle est également connue pour être l'une des fondatrices du mouvement de développement personnel. Son livre *You can Heal Your Life* (*Transformez votre vie*) a été vendu à plus de 50 millions d'exemplaires à travers le monde. Elle est aussi connue pour avoir créé la maison d'édition à succès Hay House. Les auteurs de Hay House comprennent de nombreuses vedettes dans le monde du développement personnel et spirituel, notamment le docteur Wayne Dyer, Nick Ortner, Sonia Choquette, Esther Hicks, le docteur Eric Pearl, Greg Bradden.

Dans une vidéo avec Nick Ortner, Louise Hay fait du *tapping* au sujet d'un événement qu'elle a vécu à 5 ans avec son beau-père, événement qui semble relié à une douleur au cou qu'elle a eue quelques jours auparavant. Même à plus de 80 ans, cette grande dame de l'univers du développement personnel, qui n'a pas eu une enfance facile, a continué son travail intérieur. En 2017, Louise Hay, qui avait 90 ans, s'est éteinte dans son sommeil.

(62) Personnalités publiques n° 6 — David Bernard et Christine Michaud

Au début des années 2010, David Bernard a fait une chronique sur l'EFT à l'émission *Qu'est ce qu'on attend pour être heureux ?*, animée par Christine Michaud sur les ondes de TVA, où il nous révèle que l'EFT l'a aidé à sortir d'une peine d'amour.

Quant à Christine Michaud, lors de cette chronique, elle confirme que l'EFT lui a permis de défaire un blocage qu'elle avait lorsqu'elle écrivait son livre *Sexy, zen et happy* (2013).

David Bernard est un conférencier québécois qui a donné plus de 1000 représentations à travers le Canada, les États-Unis et la France. Il est également l'auteur de cinq livres. On peut observer David Bernard évoluer à la télévision québécoise.

Au cours des 18 dernières années, Christine Michaud a été chroniqueuse littéraire dans différentes émissions québécoises. Pendant plus de 7 ans, elle a animé *Qu'est-ce qu'on attend pour être heureux ?* et *Ma liste à moi* sur les ondes de TVA. Elle est également auteure de quatre livres à succès.

(63) Personnalité publique n° 7 — Tony Robbins

Tony Robbins est un conférencier américain, auteur et coach en développement personnel. Il est connu pour ses séminaires et ses livres qui visent à aider les individus à atteindre tout leur potentiel. Ses séminaires attirent des milliers de participants du monde entier. Il est reconnu pour son approche pratique et ses techniques de motivation qui aident les gens à surmonter leurs peurs et à atteindre leurs objectifs. Tony Robbins est une figure emblématique du développement personnel et continue d'inspirer des millions de personnes à travers le monde.

Dans une vidéo présentée dans le cadre de l'EFT World Summit 2024, il présente l'EFT comme une technique qui peut immédiatement diminuer le niveau de stress. Tout en la qualifiant d'extraordinaire, il ajoute qu'il l'utilise depuis plus de 25 ans.

(64) Personnalité publique n° 8 — Ginette Reno

Petite anecdote… Alors que j'étais exposant au Salon de l'éveil de Kathy Tropanio à Laval en 2017, la grande chanteuse québécoise Ginette Reno passe rapidement devant mon kiosque. En voyant les lettres EFT sur l'affiche derrière moi, elle s'arrête et me lance quelque chose qui ressemblait à ceci « Oui l'EFT ! On tapote sur le corps… C'est bon ça ! » Bref, rien de spectaculaire. Ce fut très court. Mais je peux vous affirmer que Ginette Reno connaît l'EFT et semble la considérer de façon très positive !

Vous avez maintenant 64 raisons qui, je l'espère, pourraient vous inciter fortement à apprendre et à utiliser l'EFT dans votre vie de tous les jours ou pour résoudre certaines difficultés. Pour moi, c'est certainement la technique principale que vous devriez avoir dans votre trousse de premiers soins émotionnels.

Allons-y maintenant avec un peu de concret. Dans la partie 2 de ce livre, vous découvrirez les fondamentaux de l'EFT.

Les suppléments gratuits de la partie 1

Je vous invite à consulter la section « Comment avoir accès aux suppléments gratuits » pour pouvoir profiter des éléments suivants :

- Découvrir l'EFT en une page (PDF) ;
- Découvrir l'EFT — Le quiz ;
- Vidéo - Pour aller plus loin dans la découverte de l'EFT.

PARTIE 2

LES BASES DE L’EFT

Dans la partie 1 de ce livre, je vous ai fait découvrir l'EFT sous plusieurs angles. Il est maintenant temps d'entrer dans le vif du sujet : la technique elle-même. Par contre, avant de commencer, regardons ce qu'il ne faut pas sous-estimer : les fondamentaux. C'est la partie du livre que je vous suggère de lire très attentivement, et surtout de relire, de « rerelire » et même de « rererelire ».

Lorsque je suis entré en contact avec l'EFT, il y a plus de 20 ans, j'ai attendu plusieurs semaines avant de faire ma première ronde. J'aurais aimé, à cette époque, pouvoir lire la présente partie 2, surtout ce qui a trait aux concepts de base. Dans les trois chapitres de cette partie, je vous présente :

- Chapitre 3 — Les points du corps à tapoter et trois façons de faire de l'EFT, dont deux ultras simples ;
- Chapitre 4 — Les concepts de base incontournables si l'on veut faire de l'EFT sérieusement ;
- Chapitre 5 — Les précautions à prendre pour ne pas trop se stresser en pratiquant l'EFT.

CHAPITRE 3

LES POINTS ET TROIS FAÇONS DE FAIRE DE L'EFT

Avant d'aborder les concepts de base, regardons la mécanique du *tapping* et trois façons de pratiquer celui-ci. Comme on l'a vu dans la définition de l'EFT, faire de l'EFT c'est, entre autres, tapoter des points du corps correspondant aux méridiens que les acupunctrices utilisent dans leur pratique. Ces dernières travaillent avec plus de 360 points répartis sur 12 méridiens principaux, sans compter les huit merveilleux vaisseaux et les points hors méridiens. Dans ce chapitre, je vous présente les neuf points de la séquence courte. Eh oui ! On a besoin de seulement neuf points sur les 360 pour accomplir de véritables petits miracles. Je ne m'attarderai qu'à ces neuf points et à la manière de les tapoter. Par la suite, je vous présenterai trois façons de les utiliser. Si vous désirez avoir une explication plus précise, je vous invite à visionner la vidéo des neuf points dans les suppléments gratuits en ligne (voir la fin du livre pour découvrir comment y avoir accès).

Les points EFT

1. Côté de la main (CM)

Le premier point à tapoter est celui du côté de la main, ou point karaté. Sur le plan des méridiens, ce point correspond à « intestin grêle 3 ». C'est le troisième point du méridien intestin grêle. Il est localisé dans une dépression juste au-dessous de l'articulation du petit doigt, un peu en haut du point qui frapperait la planche ou la brique avec un coup de karaté.

Vous ne devez pas nécessairement savoir à quel méridien correspondent les points pour tirer profit de la puissance de l'EFT. Cependant, certaines praticiennes aimeront avoir le plus de détails possible sur chaque point. Elles pourront ainsi profiter de certains raccourcis et tapoter un point précis selon les émotions et ressentis qui se présentent.

Ce point est symétrique, c'est-à-dire qu'on peut le trouver sur les deux côtés du corps, donc sur chaque main. Quand un point est symétrique, on peut tapoter un seul côté. On peut également tapoter les deux côtés en même temps. Personnellement, j'ai tendance à tapoter les deux côtés en même temps pour pratiquement tous les points. Pour tapoter ce point sur les deux côtés en même temps, vous devez tout simplement tapoter les deux points de chaque main l'un contre l'autre.

2. Début des sourcils (DS)

Le deuxième point se situe au début des sourcils. Je dis souvent à mes clientes qu'elles doivent tapoter les poils au début du sourcil. En vérité, l'endroit exact du point est dans la courbure, un peu plus bas que le début du sourcil. Mais en tapotant avec deux doigts le début des sourcils (avec l'index et le majeur), on ne peut pas vraiment se tromper, surtout si c'est l'index qui tapote le début du sourcil.

Ce point correspond au deuxième point du méridien de la vessie (vessie 2). C'est un point qui est symétrique. Vous pouvez donc tapoter le côté droit, le côté gauche ou les deux en même temps.

Petite précision, l'erreur que certaines personnes font est de tapoter trop haut sur le front.

3. Côté de l'œil (CO)

Le point suivant est celui du côté de l'œil ; il correspond au premier point du méridien de la vésicule biliaire (vésicule biliaire 1). Ce point est aligné à l'horizontale avec la pupille lorsqu'on regarde devant, et se situe sur le bord externe de l'œil, sur l'os.

Pour ce point, j'ai aussi tendance à tapoter avec deux doigts. C'est un autre point qui est symétrique. Vous pouvez ainsi le tapoter à droite, à gauche ou des deux côtés en même temps.

Petite précision, l'erreur que certaines personnes font est de tapoter trop en arrière, sur les tempes. C'est vraiment là où l'os débute, vis-à-vis le centre de l'œil, qu'il faut tapoter.

4. Sous l'œil (SO)

Après le point du côté de l'œil, je vous présente le point sous l'œil. C'est aussi un point symétrique. Il est aligné à la verticale avec le centre de l'œil (ou la pupille) et se situe sur le bord de l'œil, sur l'os. Sur le plan des méridiens, ce point correspond au premier point du méridien de l'estomac (estomac 1).

Petite précision, l'erreur que certaines personnes font est de tapoter plus bas, sur les joues. C'est où l'os débute qu'il faut tapoter.

5. Sous le nez (SN)

Le point sous le nez correspond au point « vaisseau gouverneur 26 », et il est unique. Pas de symétrie ici. Puisque l'espace est limité, vous ne pouvez pas vraiment vous tromper si vous tapotez avec deux doigts collés de la même main.

Petite précision, l'erreur que certaines personnes font est de tapoter à quatre doigts, avec deux doigts de chaque main. Souvent, dans ces cas, la personne tapote de chaque côté du point, mais pas sur le point. Celui-ci est vraiment au centre, sous le nez. Je vous suggère d'utiliser un ou deux doigts de la même main.

6. Sous la bouche (SBo)

Le point sous la bouche est unique et correspond au point « vaisseau conception 24 ». Le point se situe sur la ligne centrale du corps, dans le creux entre la bouche et le menton.

Petite précision, l'erreur que certaines personnes font est de tapoter sur le menton ou, comme pour le point sous le nez, de tapoter avec quatre doigts, soit deux doigts de chaque main. Ainsi la personne tapote de chaque côté du point, mais pas sur le point. Vous devez tapoter au centre, dans le creux entre la bouche et le menton.

7. Sous la clavicule (SC)

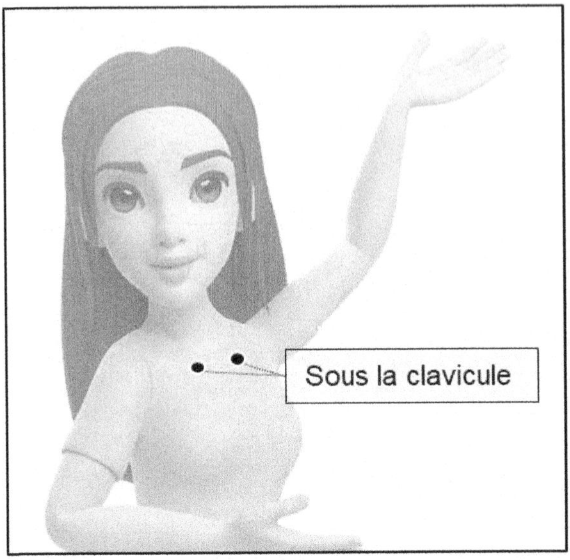

À la suite du point sous la bouche, on tapote les points sous les clavicules. Ils correspondent au 27e point du méridien du rein (rein 27). Ce point se situe dans une dépression située sous le bord inférieur de la clavicule (entre la clavicule et la 1re côte). De chaque côté, les points sont à mi-distance entre la ligne centrale (sternum) et la ligne des mamelons.

Pour tapoter, je regroupe mes cinq doigts ensemble. Vous ne pouvez pas rater le point de cette façon. C'est un point symétrique. J'ai tendance à tapoter les deux côtés en même temps.

Petite précision, l'erreur que certaines personnes font est de tapoter trop bas, sur le début de la poitrine, ou trop près de l'épaule. Le point est sous la clavicule, entre le sternum et le mamelon.

8. Sous le bras (SBr)

Le point sous le bras est celui du « rate-pancréas 21 ». Les hommes peuvent utiliser leurs mamelons comme référence. Les points se situent un peu plus bas que la ligne des mamelons, sous les aisselles. Pour les amatrices de précision, il est dans le 6e espace intercostal.

Chez les femmes, cela correspond à la bande de tissu du soutien-gorge, qui passe sur le côté. Les points se situent un peu en bas du milieu de la bande, sous les aisselles. Il s'agit d'un autre point symétrique.

Pour tapoter, on a le choix. On peut tapoter le point sous le bras gauche soit avec les quatre doigts de la main droite, soit avec le dessus des doigts de la main gauche. C'est le même principe pour le côté droit. Si l'on tapote les deux points en même temps, à droite et à gauche, on a l'air d'un singe ! C'est bien correct. Ce n'est certainement pas la praticienne EFT qui portera un jugement sur votre allure !

Petite précision, l'erreur que certaines personnes font est de tapoter plus bas que le point. C'est le cas si l'on utilise la main droite pour tapoter le point à droite. Si c'est possible pour vous, vous aurez davantage de précision en utilisant la main opposée au point. La main droite pour le point à gauche, et vice-versa.

9. Sur la tête (ST)

Le dernier point est le point sur la tête, et il correspond au « vaisseau gouverneur 20 ». Pour simplifier, je dirais qu'il se situe un peu à l'arrière du point central du sommet de la tête. Ce point est unique. Je le tapote en faisant un effet de pluie avec le bout des doigts d'une main. La sensation est plus agréable. C'est comme si mes doigts pianotaient sur ma tête. Actuellement, dans mes rondes EFT, je termine par la tête. Certaines praticiennes commencent par la tête et finissent ailleurs, d'autres commencent et terminent par la tête. Allez-y avec votre élan !

Petite précision, l'erreur que certaines personnes font est de tapoter sur le somment de la tête, à l'endroit le plus élevé, qui correspond au chakra de la couronne. Le point ST est un peu à l'arrière du chakra de la couronne. En faisant votre effet de pluie avec quatre doigts et en déplaçant légèrement vos doigts dans cette région, vous ne pouvez pas rater le point.

Combien de fois faut-il tapoter chaque point et avec quelle force ?

Regardons maintenant le nombre de fois qu'il faut tapoter chaque point et la force à utiliser pour le faire. Pour simplifier, dans la majorité des cas, entre 5 et 10 fois, c'est suffisant. Comme je le dis souvent à mes étudiantes, si un point vous fait du bien, il n'est pas néfaste de le tapoter plus longtemps. La police de l'EFT ne viendra pas vous arrêter pour excès de *tapping* sur un point ! À l'inverse, si un point augmente vos « pas-bien », je vous suggère deux possibilités. Soit rester sur ce point jusqu'à ce que les « pas-bien » baissent significativement, soit continuer la ronde et la refaire plusieurs fois en repassant sur le fameux point pour tester ce qui va se passer.

Pour ce qui est de la force, on n'a pas à en utiliser beaucoup. Allez-y selon votre confort. Le critère premier est qu'il ne faut pas que ce soit désagréable. Sinon on entrave la connexion avec l'univers intérieur, qu'on désire apaiser. Cette connexion est la première composante essentielle de l'EFT (*voir chapitre suivant*). Certaines ne pourront pas tolérer les tapotements. Dans ces cas, une simple pression sur le point accompagnée d'une grande respiration peut faire le travail. C'est une des approches privilégiées lors des rondes EFT pour les bébés. Sachez aussi que d'autres ont rapporté une certaine efficacité non pas en tapotant les points, mais en imaginant tapoter les points. Il y a des études qui confirment que les mêmes zones du cerveau sont activées lorsqu'une personne joue au tennis et lorsque la personne s'imagine jouer au tennis. Ne sous-estimez pas le pouvoir de l'imagination et de l'intention.

Le *tapping* à deux

Voici mon expérience sur le *tapping* à deux. C'est un petit partage qui est intéressant, surtout pour les praticiennes EFT. Si vous accompagnez quelqu'un en EFT, quelle est la meilleure configuration à utiliser ? Est-ce que chacune tapote sur elle-même ou est-ce que la praticienne tapote sur la personne accompagnée ? Il y a des avantages aux deux façons de faire. Un peu plus bas, je vous ferai part de ma préférence. Tapoter chacune pour soi a deux principaux avantages. Du côté de la personne accompagnée, cela facilite l'apprentissage et l'intégration des gestes associés à la ronde. Du côté de la praticienne, elle bénéficie de l'effet EFT (emprunt des bénéfices ou bénéfices partagés), surtout si le sujet de la séance et les émotions du moment agissent comme déclencheur pour elle-même.

Dans le cas où la praticienne tapote la personne accompagnée, le principal bénéfice, pour cette dernière, est de permettre davantage de connexion avec ce qui doit être apaisé. En fait, plus la personne est détendue, plus elle peut plonger facilement et profondément dans son univers intérieur, ce qui favorise une efficacité accrue de l'EFT. Personnellement, j'aime bien installer la personne que j'accompagne en position semi-couchée dans un fauteuil très confortable. J'utilise une voix douce et parfois monocorde. Tout cela place souvent la personne accompagnée dans un état proche de la transe. En faisant le *tapping* moi-même, la cliente n'a qu'à se concentrer sur ma voix, sur ses mots et sur ce qui se passe à l'intérieur d'elle-même. C'est la configuration que je préfère.

Séquence, ronde, boucle... Un peu de vocabulaire

Voici le vocabulaire dont je me sers pour décrire ce qui se passe pendant le *tapping*. Je fais la distinction entre les séquences, la ronde et la boucle.

Les séquences EFT

Une séquence EFT, c'est une série de points que vous devez tapoter. Dans mon univers, je travaille essentiellement avec trois séquences principales. Cependant, la plupart des praticiennes travaillent avec une seule séquence.

Ma première séquence comprend l'ensemble des points décrits précédemment, qui vont du côté de la main jusqu'à la tête. Elle est celle que j'utilise la plupart du temps :

- Séquence n° 1 – CM, DS, CO, SO, SN, SBo, SC, SBr, ST

Ma deuxième séquence consiste à tapoter tous les points sauf le dernier. C'est la séquence que j'utilise pour commencer une ronde qui comportera plusieurs boucles.

- Séquence n° 2 – CM, DS, CO, SO, SN, SBo, SC, SBr

La troisième séquence avec laquelle je travaille comporte l'ensemble des points, mais j'omets le premier (côté de la main) et le dernier (sur la tête). C'est la séquence que je répète en boucle si l'intensité émotionnelle est encore forte après la séquence n° 2.

- Séquence n° 3 – DS, CO, SO, SN, SBo, SC, SBr

La ronde

Pour moi, une ronde correspond au moment où l'on commence le tapotement jusqu'au moment où on l'arrête. La ronde classique se fait avec la séquence n° 1, une seule fois. On commence le *tapping* avec le point sur le côté de la main et l'on termine avec le point sur la tête. Dans ce cas, la ronde va durer environ une minute. Certaines personnes commenceront par la tête et termineront sous le bras. D'autres commenceront et termineront avec le dessus de la tête.

La boucle EFT

Lorsque l'intensité émotionnelle est grande, c'est une bonne pratique de continuer à tapoter en boucle lorsque la première séquence est terminée. La boucle, c'est donc une séquence de points qui se répétera à l'intérieur d'une ronde. Dans ces cas, j'utilise, dans un premier temps, la séquence n° 2 (du côté de la main jusque sous le bras) et, dans un deuxième temps, j'exécute, en boucle la séquence n° 3 (du début des sourcils jusque sous le bras) jusqu'à apaisement. Lorsque l'émotion est apaisée, j'exécute la séquence n° 3 une dernière fois en ajoutant le point sur la tête. Pour résumer l'utilisation des boucles, je commence ma ronde avec le point du côté de la main et je termine avec le dessus de la tête. Entre les deux, je tapote tous les autres points en boucle jusqu'à ce que l'intensité émotionnelle soit apaisée. Ainsi, une ronde peut durer deux, trois ou cinq minutes, parfois plus.

Certaines praticiennes n'utiliseront que la séquence n° 1 en boucle. Tous les points de la séquence courte y passent et sont tapotés en boucle jusqu'à l'apaisement.

L'importance de la patience et de la persistance

Je veux souligner ici l'importance de la patience et de la persistance. Certaines personnes me disent : « François, j'ai eu une grande perturbation émotionnelle, et l'EFT n'a pas fonctionné. » Et moi de leur répondre : « Tu en as fait combien de temps ? Combien de boucles as-tu réalisées ? » Dans ces cas, je reçois souvent la réponse suivante : « Heu... deux, trois minutes ! Deux, trois boucles ! » Et moi de répondre : « Voilà pourquoi ! L'EFT calmera inévitablement le système nerveux. Il faut tout simplement tapoter plus longtemps. » Si le système nerveux est perturbé à 100 % et que chaque ronde enlève 5 % de perturbation, après quatre rondes, le système nerveux est encore perturbé à 80 %. Il faut faire 20 rondes pour le calmer complètement. C'est mathématique dans la plupart des cas. Si l'on tapote suffisamment longtemps, comme une, deux, cinq ou, pourquoi pas, 10 ou 15 minutes, les perturbations émotionnelles baisseront inévitablement et même significativement.

L'ordre des points

Est-ce que l'ordre des points est important ? Eh bien non, ce n'est pas important. On les tapote de haut en bas parce que c'est plus facile à retenir. Vous pourriez également les tapoter de bas en haut et vous pourriez même commencer au milieu ou les parcourir dans le désordre.

La séquence courte et les autres points

Vous savez maintenant tout ce que vous devez savoir sur le *tapping* des points de la séquence courte.

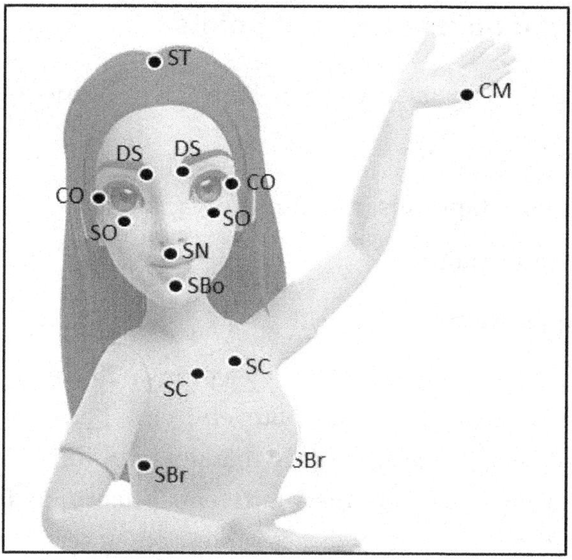

- CM : côté de la main ;
- DS : début des sourcils ;
- CO : côté de l'œil ;
- SO : sous l'œil ;
- SN : sous le nez ;
- SBo : sous la bouche ;
- SC : sous la clavicule ;
- SBr : sous le bras ;
- ST : sur la tête.

Si vous regardez sur internet, vous verrez qu'il y a d'autres points qui peuvent être tapotés (on parle alors de variations, ajouts et séquence longue). Par expérience, les neuf points de la séquence courte font le travail. Je vous encourage donc à amorcer votre pratique avec ces neuf points. Plus tard, si vous avez l'élan, vous pourrez explorer l'ajout de points supplémentaires.

Trois façons d'utiliser les neuf points

Voici trois façons d'apaiser ses « pas-bien » avec ces neuf points :

1. le *tapping* en silence ;
2. placotons et tapotons (racontons et tapotons) ;
3. la classique (même si...)

1. Le *tapping* en silence

Lorsque j'ai pris contact avec l'EFT il y a plus de 20 ans, je n'en croyais pas mes yeux. C'était trop beau pour être vrai. J'étais fasciné et très attiré par tout cela. J'ai téléchargé le manuel gratuit de Gary Craig, le créateur de la méthode. J'ai aussi fait venir plusieurs CD où il avait enregistré, sur vidéo, certains de ses séminaires et séances.

***** Je n'en croyais pas mes yeux ! *****

La vidéo où, sur le bord de la piscine, Gary Craig aide Dave à surmonter une phobie de l'eau m'a renversé. En à peine une heure de travail, ils se retrouvent tous les deux DANS la piscine, Dave pouvant, à la fin, mettre sa tête sous l'eau !

Malgré tout cela, je ne faisais rien. Aucun *tapping* pendant des semaines. J'avais trop peur que l'EFT ne fonctionne pas. C'est comme si, pour une partie de moi, il fallait absolument que ça fonctionne. J'ai donc attendu, sans oser, sans rien faire, pendant des semaines. Un jour, alors que j'étais dans ma chambre à coucher, debout à côté du lit, je me suis retrouvé paralysé par une énorme crampe au mollet droit. C'était tellement douloureux que je me suis laissé tomber sur mon lit en espérant que ça passe rapidement. Mais la crampe était tellement atroce que j'ai voulu faire quelque chose. J'ai donc passé en revue les possibilités dans ma tête. Mon répertoire d'actions anti-crampe étant très limité, j'ai eu l'idée d'essayer l'EFT. J'ai commencé le *tapping*, en silence, en boucle, sans me soucier de la formule officielle de Gary Craig. En 30 secondes de *tapping*, peut-être même moins, la crampe avait disparu. Waouh ! C'est ici que mon aventure EFT a vraiment débuté.

Ainsi, la première façon de faire de l'EFT, c'est en silence. Autrement dit, on tapote les points de la séquence courte et l'on ne prononce aucun mot. Dans le chapitre 4 sur les concepts de base, je vous expliquerai qu'une des composantes essentielles de l'EFT, c'est la connexion avec votre univers intérieur, avec les « pas-bien » que vous désirez apaiser. C'est cela qui est important. Ensuite, on tapote pour apaiser le malaise. Vous apprendrez également que les mots ne sont que des éléments optionnels au service de cette connexion.

***** Les mots ne sont pas obligatoires. *****

***** Ils peuvent cependant favoriser la connexion. *****

Ainsi, quand on reçoit une mauvaise nouvelle (paf !) et qu'on est sous le choc, énormément perturbée, il y a fort à parier qu'on ne pourra même pas parler. La première composante essentielle de l'EFT est là : on est totalement connectée à notre univers intérieur. On est en état de choc, complètement submergée par nos émotions. Il ne reste qu'à employer la deuxième composante essentielle, c'est-à-dire tapoter, tout simplement.

On reste dans la conscience de ce qui vient de se passer. On n'a qu'à rester avec les deux éléments importants qui alimentent notre univers intérieur : 1) le déclencheur, ce qui a créé le choc ; 2) la manière dont on se sent, ce qui se passe dans notre corps, les émotions et les ressentis qui sont là. On reste avec tout ça et l'on tapote en boucle, jusqu'à l'apaisement. Avec de la persistance et de la patience, l'EFT apaisera notre système nerveux et l'on se calmera inévitablement. Cette première façon d'utiliser l'EFT est donc la plus simple, et c'est celle à mettre de l'avant pour les grosses perturbations émotionnelles, les crises, les chocs, les traumas et les épreuves de la vie. Aussitôt qu'il y a une perturbation émotionnelle qui se présente, ayez le réflexe de vous servir de vos doigts et de tapoter en boucle. Vous n'avez pas besoin de mots, vous n'avez pas à dire quoi que ce soit.

Comment tapoter en silence ?

On y va en boucle, jusqu'à l'apaisement. On peut commencer par la séquence suivante :

- Côté de la main, DS, CO, SO, SN, SBo, SC, Sous le bras

Ensuite, on peut faire celle-ci en boucle :

- Début des sourcils, CO, SO, SN, SBo, SC, Sous le bras

On termine par la tête lorsque tout est apaisé.

2. Placotons et tapotons

La deuxième façon de faire de l'EFT, je l'appelle « Placotons et tapotons ». Au Québec, le terme « placoter » veut dire parler, raconter. Autrement dit, on extériorise, avec les mots, à voix haute, tout ce qu'on a à l'intérieur de soi sans structure particulière.

Si l'on vient de vivre quelque chose de désagréable, eh bien, on raconte l'histoire. Si l'on est pris par un problème, on exprime ce qu'on ressent. Dans les deux cas, on exprime surtout ce qui nous dérange et comment on se sent, tout en tapotant. C'est comme si vous racontiez à votre meilleure amie votre histoire, votre problème, l'événement que vous avez vécu, le tout en mettant l'accent sur ce qui vous a dérangée et sur la manière dont vous vous sentez. Bien sûr, vous tapotez en même temps.

Comment tapoter en placotant ?

On y va en boucle, jusqu'à ce qu'on n'ait plus rien à raconter. On peut commencer par la séquence suivante (*voir les séquences dans la section précédente*) :

- Côté de la main, DS, CO, SO, SN, SBo, SC, Sous le bras

Ensuite, on peut parcourir celle-ci en boucle :

- Début des sourcils, CO, SO, SN, SBo, SC, Sous le bras

On termine par la tête lorsqu'on n'a plus rien à dire ou que tout est apaisé.

Une fois que notre histoire est racontée, une fois que notre problème est exprimé avec tout ce qui l'accompagne, on prend une bonne respiration et l'on observe ce qui se passe. Il est également possible de faire des rondes classiques (*voir plus loin, la section 3. La classique [même si…]*) avec ce qui se passe. Sinon, on peut raconter de nouveau notre histoire et notre problème autant de fois qu'il est nécessaire (jusqu'à six fois ou même plus). On verra que, d'une fois à l'autre, il y a des mots qui vont changer. Il peut aussi y avoir des éléments qui n'ont pas été mentionnés à la première occurrence, mais qui se révéleront à la deuxième ou à la troisième occurrence. C'est comme si, d'une version à l'autre, on faisait le ménage couche par couche, jusqu'à apaiser le tout. À un moment donné, vous penserez à votre histoire, à votre problème, et ce sera comme si cela était très loin. Comme si cela venait « d'une autre vie ». À ce moment, c'est terminé.

Voici donc une façon toute simple d'utiliser l'EFT que j'appelle « Placotons et tapotons ». C'est la façon de faire que je suggère aux débutantes, pour qu'elles commencent à intégrer l'EFT dans leur vie.

Exercice suggéré : Placotez sur votre journée et tapotez

Voici le premier exercice suggéré. À la fin de la journée, vous pouvez tout simplement raconter votre journée et tapoter en même temps. Vous racontez votre journée en vous attardant surtout sur ce qui vous a dérangé et comment vous vous êtes sentie.

Une fois la journée racontée et tapotée, je vous suggère de faire une pause et de recommencer au moins une deuxième fois, peut-être même plus si vous avez eu une journée avec plusieurs perturbations émotionnelles.

Ce simple exercice vous apportera paix et calme dans votre être, en lien avec votre vécu de la journée.

Fin de l'exercice

3. La classique (même si...)

La troisième façon de faire de l'EFT, c'est la ronde classique. C'est la façon la plus structurée. C'est cette ronde qui sera décortiquée en détail dans la partie 3, « L'anatomie d'une ronde EFT ». Ce sont ces rondes qu'on retrouve dans la plupart des études scientifiques. Dans ces études, c'est l'EFT clinique qui est utilisé. Voici un exemple de phrase qu'on peut trouver dans une ronde classique :

- « Même si je me sens triste en pensant à ma mère qui n'est plus là, je m'aime et je m'accepte telle que je suis. »

Les rondes classiques ont deux composantes : la cible EFT et l'intention positive.

1. La cible EFT, c'est le malaise qu'on veut apaiser, c'est le problème à régler, la raison pour laquelle on fait de l'EFT. Cette cible coïncide avec notre univers intérieur que l'on veut apaiser. Le vocabulaire utilisé pour décrire cet univers intérieur correspond aux émotions et aux ressentis : j'ai peur, je me sens triste, je suis en colère, j'ai honte, je me sens coupable, je me sens impuissante. Le vocabulaire inclut également les sensations du corps : serrement à la gorge, pression au plexus, boule dans le ventre. Cela fera partie de la première portion de la phrase, la cible EFT. On peut également ajouter les déclencheurs dans cette première partie, par exemple : ce qui nous dérange dans ce qu'on voit, dans ce qu'on entend, dans ce qu'on pense. En fait, la cible EFT correspond à la matière première de l'EFT (Les SERMA + les sept déclencheurs et les croyances) qui vous sera présentée en détail au début du chapitre suivant.

2. La deuxième composante de la phrase, c'est ce que j'appelle l'intention positive. Traditionnellement, on met de l'amour et de l'acceptation dans cette partie, en disant par exemple « je m'aime et je m'accepte telle que je suis ». Dans la partie 3, « L'anatomie d'une ronde EFT », vous découvrirez trois autres catégories d'intentions positives que vous pourrez employer dans la phrase EFT classique.

Ainsi, l'approche classique consiste à dire la phrase complète (cible EFT et intention positive) trois fois en tapotant le point du côté de la main (certaines disent la phrase une seule fois). Pour le reste des points qui seront tapotés, on utilisera une phrase de rappel qui représente essentiellement la cible EFT (p. ex. : « Je suis en colère parce qu'on ne m'a pas écoutée »). Pour ma part, je termine la ronde avec l'intention positive sur la tête. De nombreuses praticiennes EFT terminent la ronde avec la phrase de rappel. Ainsi, pour la phrase « Même si je me sens triste en pensant à ma mère qui n'est plus là, je m'aime et je m'accepte telle que je suis », on aura la ronde suivante :

1. CM — « Même si je me sens triste en pensant à ma mère qui n'est plus là, je m'aime et je m'accepte telle que je suis » (à dire une, deux ou trois fois) ;
2. DS — « En pensant à ma mère qui n'est plus là, je me sens triste » ;
3. CO — « En pensant à ma mère qui n'est plus là, je me sens triste » ;
4. SO — « En pensant à ma mère qui n'est plus là, je me sens triste » ;
5. SN — « En pensant à ma mère qui n'est plus là, je me sens triste » ;
6. SBo — « En pensant à ma mère qui n'est plus là, je me sens triste » ;

7. SC — « En pensant à ma mère qui n'est plus là, je me sens triste » ;
8. SBr — « En pensant à ma mère qui n'est plus là, je me sens triste » ;
9. ST — « Je m'aime et je m'accepte telle que je suis ».

Dans la partie 3, « l'anatomie d'une ronde EFT », nous approfondirons davantage la ronde classique. Nous plongerons dans cette partie en explorant les trois temps de la ronde : avant (comment se préparer), pendant et après. Nous verrons quoi faire et quoi considérer à chacun de ces moments. À la suite de la partie 3, la ronde EFT classique n'aura plus de secrets pour vous ! Mais auparavant, nous nous familiariserons avec les concepts de base.

Le chapitre 4 sur les concepts de base peut être élevé au rang de chapitre incontournable dans ce livre, et même dans tous les livres qui existent sur l'EFT. La grande question pour une débutante en EFT avec l'approche classique est la suivante : est-ce que je dis les bons mots dans ma phrase EFT ? À la fin du chapitre 4, vous aurez, à coup sûr, toujours la bonne réponse à cette question !

CHAPITRE 4

LES CONCEPTS DE BASE

Vous êtes maintenant à la porte d'entrée du chapitre le plus important de ce livre. Les concepts de base que je vous présente ici sont sous-estimés dans le monde de l'EFT ou, tout simplement, ils ne sont pas compris du tout. C'est lorsqu'on les comprend qu'on peut réellement accéder à la puissance de l'EFT. Voici le témoignage que j'ai reçu à la suite d'une de mes rencontres gratuites de *tapping* en groupe :

> *Bonjour François. J'ai assisté cet après-midi à l'atelier de tapping en groupe. Pour la première fois, j'ai compris dans quelles émotions ou avec quelle attitude on devait effectuer les gestes. Bien que je connaisse cette méthode depuis quelques années, je n'en ressentais aucun bienfait, en fait, rien. Gratitude infinie. Le déclic s'est enfin fait pour cette technique souvent suggérée et vantée... Tout le bien et bravo pour votre générosité de faire ces ateliers gratuitement ! — P. F.*

Si vous avez un chapitre à lire lentement et plusieurs fois dans ce livre, c'est bien celui-ci. Je vous présente cinq concepts que vous devez absolument comprendre, intégrer et installer dans votre cerveau :

1. La **matière première de l'EFT**. C'est ce qui va alimenter le processus EFT.
2. Les **deux composantes essentielles** pour profiter au maximum de cet outil. Pour faire de l'EFT efficacement, ces deux composantes doivent absolument être présentes.

3. **Les mots** qu'on prononce pendant qu'on tapote. Les questions les plus courantes de la débutante en EFT sont : « François, qu'est-ce que je dois dire dans mes rondes EFT ? » ou « François, est-ce que je dis les bons mots en faisant mes rondes EFT ? » À la fin de ce chapitre, vous ne vous poserez plus jamais ces questions. Vous aurez la clé qui vous permettra de savoir à tout coup quoi dire dans vos phrases EFT et, surtout, de savoir si vous dites les bons mots.
4. **Les émergences**. Celles-ci recèlent des pépites, des cadeaux qui ne peuvent dévoiler leur valeur que s'ils sont captés et considérés. Je veux que vous preniez conscience de l'importance des émergences qui peuvent surgir pendant et après les rondes EFT (et même en dehors des rondes).
5. **La précision**. Il est très important, parce que lorsque l'EFT ne fonctionne pas, c'est le critère à examiner après les deux composantes essentielles.

1. La matière première de l'EFT

Dans un premier temps, permettez-moi de vous présenter la matière première de l'EFT. J'aime bien résumer celle-ci en utilisant les mots « pas-bien », comme dans les phrases : « Je ne me sens pas bien », « Je ne suis pas bien ». J'utilise l'acronyme SER pour décrire les pas-bien principaux que nous voulons apaiser avec l'EFT. *S* pour Sensations du corps, *E* pour Émotions et *R* pour Ressentis.

Matière première 1 — Les sensations du corps

Débutons par les Sensations du corps. Béatrice arrive à sa séance avec la ferme intention de travailler un abus sexuel qu'elle a subi aux mains d'un proche parent. La praticienne EFT débute avec des rondes assez crues sur ce qui s'est passé. Très rapidement, après quelques rondes, de multiples sensations du corps se manifestent surtout autour de la bouche et au niveau de la mâchoire. Ainsi, après 10 minutes à tapoter sur les SER associés à l'abus lui-même, la praticienne et la cliente ont travaillé pratiquement tout le reste de la séance sur les sensations du corps de cette dernière.

J'aime bien placer les sensations du corps dans trois catégories :

- les sensations qui accompagnent inévitablement les émotions ;
- les sensations en résonance avec les sources profondes (racines) de nos problématiques ;
- les sensations du corps qui représentent des douleurs et des inconforts physiques.

Les sensations du corps qui accompagnent inévitablement les émotions

Dans la plupart des cas, on retrouve la paire « émotion et sensation dans le corps » lorsqu'on aborde une problématique et que des émotions surgissent. C'est le cas de Sandrine, qui n'a pas encore fait le deuil de son mari après 8 ans. Revisiter tous les événements associés à la perte de celui qu'elle appelle son « âme sœur » entraîne toutes sortes d'émotions. Lorsque vous vivez une émotion comme la tristesse, vous avez inévitablement des sensations dans le corps. Une boule ou un serrement à la gorge, par exemple. Les rondes EFT peuvent se faire alors sur l'émotion ou sur les sensations du corps et, pourquoi pas, sur les deux en même temps.

Les sensations du corps en résonance avec les racines

Dans d'autres cas, certaines personnes seront connectées aux sources profondes de leur problématique. Et cela se met en place en passant par le corps, sans trop d'émotion. Ce qu'a vécu Béatrice lors de sa séance correspond à cette deuxième catégorie. Pratiquement aucune émotion n'a été manifestée, et ces sensations n'étaient pas là avant de commencer la séance. Cette catégorie peut être mise en correspondance avec ce qu'on appelle la mémoire corporelle ou la mémoire cellulaire du stress initial.

Quand quelqu'un me dit pendant ou à la fin d'une ronde : « François, je ne sais pas pourquoi, mais ça serre vraiment fort au niveau de ma tête, comme si j'avais un anneau qui compressait ma tête », il est possible que le corps se souvienne de sa naissance, lorsque la tête descendait dans le passage étroit du col de l'utérus. Le corps rejoue alors la « cassette » de l'événement en matière de sensations corporelles.

Dans ce cas précis, je fais l'hypothèse que le *tapping* apaisera non seulement la sensation désagréable dans le corps, mais également la souffrance vécue à la naissance qui y est associée. Tout cela donnera un travail de « nettoyage » encore plus profond et puissant.

Les sensations dans le corps : douleurs et inconforts physiques

Finalement, vous pouvez être relativement zen, sur le plan émotionnel, et tout de même avoir une sensation désagréable dans le corps, comme une douleur ou un inconfort dans le bas du dos. En règle générale, ces sensations du corps étaient là avant même le début de la séance EFT.

Par exemple, Corinne, 10 minutes avant la fin de sa séance, décrit une douleur à l'épaule qu'elle éprouve depuis qu'elle a fait un faux mouvement en déplaçant une chaise de bureau au bout de ses bras. C'est une douleur qu'elle avait avant de commencer la séance. Durant les 10 minutes restantes de la séance, la praticienne et Corinne ont fait quelques rondes précisément sur ces douleurs à l'épaule droite. Ici, 10 minutes de travail EFT furent suffisantes pour faire disparaitre la douleur.

Ainsi, le travail EFT peut se faire autant sur les sensations du corps qui accompagnent vos émotions que sur les sensations du corps qui émergent pendant la séance, témoins corporels d'événements perturbants du passé, et sur les inconforts et douleurs physiques qui vous accompagnent au quotidien.

Pour conclure, j'aimerais ajouter qu'il n'est pas nécessaire de savoir duquel des trois types de sensation il s'agit pour appliquer cette approche. Vous prenez ce qui est là sans trop vous poser de questions et vous tapotez !

Matière première 2 — Les émotions

Viennent ensuite les Émotions. Selon les auteurs les plus reconnus sur le sujet, il peut y avoir six ou huit émotions de base. Voici les six émotions fondamentales souvent mentionnées :

- la joie ;
- la peur ;
- la colère ;
- la tristesse ;
- le dégoût ;
- la surprise.

Les émotions de base avec lesquelles le travail EFT se fera sont essentiellement au nombre de quatre :

- la peur ;
- la tristesse ;
- la colère ;
- le dégoût.

Dans de très rares cas, on travaillera avec la surprise.

***** *Vice-Versa* de Disney-Pixar : Pour comprendre les émotions *****

Le célèbre dessin animé de Disney-Pixar, *Vice-Versa* (*Sens dessus dessous* au Québec), met en scène cinq des six émotions primaires. C'est LE film qui m'a fait comprendre à quoi sert la tristesse d'un point de vue biologique. Je vous le recommande pour comprendre encore mieux le rôle des émotions tout en vous amusant. Le film nous propulse dans la tête des personnages, principalement celle de Riley, une jeune fille qui vit des sentiments conflictuels lorsqu'elle est forcée de déménager avec sa famille. Elle doit alors s'adapter à une nouvelle maison et se refaire des amis. Dans la tête de Riley, on fait connaissance avec cinq personnages représentant cinq des six émotions de base (la joie, la peur, la colère, le dégoût et la tristesse) qui font de leur mieux pour que Riley soit bien.

***** Cibles EFT principales : Sensations du corps et Émotions *****

On est proche de la vérité en affirmant que la majorité des rondes vont se faire avec, comme cibles EFT, les deux premiers éléments de matière première présentés : les Sensations du corps et les Émotions, le *S* et le *E* de l'acronyme SER.

Matière première 3 — Les ressentis

Finalement, il y a les Ressentis. Certains vont les appeler les « émotions secondaires ». D'autres, les « sentiments ». En anglais, on peut utiliser le mot *feeling*. C'est ce qui permet de décrire ce qu'on ressent, mais d'une façon plus nuancée, plus précise. La culpabilité, la honte et l'impuissance en sont quelques exemples. Dans mes suppléments gratuits en ligne (*voir la fin de ce chapitre*), vous aurez accès à une liste très complète de ressentis à laquelle vous pourrez vous référer au besoin.

La question pour trouver les SER

Les SER répondent essentiellement à la question suivante : Comment te sens-tu ?

Une ronde va se faire principalement avec un des trois SER :

1. Soit une Émotion (exemple : « Je me sens triste ») ;
2. Soit une Sensation dans le corps. (exemple : « J'ai un serrement à la poitrine ») ;
3. Soit un Ressenti (exemple : « J'ai honte »).

Parfois, une ronde va se faire avec deux SER : une émotion ou un ressenti accompagné d'une sensation dans le corps. Par exemple : « Ta peur, tu la sens où dans ton corps ? », « Dans le ventre ». La ronde va se faire alors sur « La peur au ventre » ou « J'ai peur et ça serre dans mon ventre ».

Exercice suggéré : Notez les SER de la journée

Si vous désirez faire entrer cette approche dans votre vie, une des premières compétences à développer est votre capacité à repérer et à mettre en mots la façon dont vous vous sentez. Je suggère souvent à mes clientes de tenir un journal lorsqu'elles s'aventurent dans une démarche de libération avec l'EFT.

Avez-vous vécu des perturbations aujourd'hui ? À la fin de la journée, c'est une bonne pratique de vous arrêter et de noter vos « pas-bien » du jour. Notez aussi quelques mots pour situer le contexte. Ne faites rien d'autre pour le moment. Écrivez seulement les « pas-bien » et les SER de la journée (vos Sensations du corps désagréables, vos perturbations Émotionnelles et vos Ressentis désagréables).

Surtout, ne vous mettez pas de pression. Si vous notez un seul SER pour votre journée, c'est parfait. Si vous faites l'exercice tous les deux ou trois jours, c'est parfait aussi.

Voici quelques exemples :

Lundi 12 février 2024

- Une amie annule un rendez-vous à la dernière minute.
    - Pincement au plexus (Sensation dans le corps)
    - Déception (Ressenti)
- J'entends une nouvelle à la télévision : un homme tue ses deux enfants et sa femme.
    - Colère (Émotion)
    - Tristesse (Émotion)
- Mon bébé s'est réveillé cette nuit. Il se réveille souvent la nuit.
    - Impuissance (Ressenti)
    - Frustration (Ressenti)
    - Serrement au plexus (Sensation dans le corps)

Fin de l'exercice

Les déclencheurs

La plupart du temps, les SER n'arrivent pas subitement, sans raison. Il y a inévitablement quelque chose qui les a provoqués. C'est ce que j'appelle les déclencheurs. Pour favoriser encore plus la connexion avec les SER, lors des rondes, il est bon de nommer et de garder en tête ce qui a provoqué les « pas-bien ». Un déclencheur peut être associé aux cinq sens (VAKOG ; *voir ci-dessous*).

Voici ce que signifie l'acronyme VAKOG :

- Visuel (je vois mon frère qui se fait battre par mon père) ;
- Auditif (les mots, l'intensité sonore, le ton de mon patron qui me réprimande) ;
- Kinesthésique (on me serre le bras) ;
- Olfactif (l'odeur de cannelle que je déteste) ;
- Gustatif (le goût des gombos qui me répugne).

Les déclencheurs peuvent aussi correspondre :

- aux pensées (aussitôt que je pense à ma mère décédée, je me mets à pleurer) ;
- au temps (tous les matins, au réveil, sans raison, je me sens triste).

Les déclencheurs permettent de répondre à la question : Qu'est-ce qui me dérange ?

Exercice suggéré : Notez les déclencheurs de la journée

Pour compléter l'exercice précédent sur les SER, toujours en fin de journée, ajoutez dans votre journal les déclencheurs qui ont généré vos « pas-bien ». Vous créerez ainsi des paires « déclencheurs + SER ». Exercez-vous à être le plus précis possible. Voici quelques exemples :

Lundi 12 février 2024

- Une amie annule un rendez-vous à la dernière minute

  - Déclencheur : la vue de son message texte sur mon téléphone : « Je dois annuler notre rendez-vous » (Visuel)
  - SER :
    - Pincement au plexus
    - Déception
- J'entends une nouvelle à la télé : un homme tue ses deux enfants et sa femme
  - Déclencheur : quand j'ai entendu la nouvelle (Auditif)
  - SER :
    - Colère
  - Déclencheur : quand j'ai vu la photo de la mère et de ses deux enfants (Visuel)
  - SER :
    - Tristesse
- Mon bébé s'est réveillé cette nuit. Il se réveille souvent la nuit
  - Déclencheur : les pleurs de mon bébé (Auditif)
  - SER :
    - Impuissance
    - Frustration
    - Serrement au plexus

Ne faites rien d'autre pour le moment. Notez seulement vos paires « déclencheur + SER » de la journée.

Surtout, ne vous mettez pas de pression. Si vous notez une seule paire « déclencheur + SER » pour votre journée, c'est parfait. Si vous faites l'exercice tous les deux ou trois jours, c'est parfait aussi.

Fin de l'exercice

Matière première, la suite — Trois autres ingrédients

Dans mon univers EFT, il existe trois autres « ingrédients » qui peuvent être utilisés comme cibles. (Les deux premiers sont expliqués avec davantage de détails dans certaines de mes formations en ligne. Le dernier est abordé dans ma formation de niveau 2.)

- les Métaphores (exemple : « Je me sens comme un tas de merde » ou, pour quelqu'un de très en colère au Québec : « J't'en tabarnak ») ;
- les Actions qu'on aurait aimé faire, mais qu'on n'a pas osées (exemple : « J'aurais aimé lui donner un coup de pied au derrière ») ;
- les croyances (exemple : « Les riches, ce sont des opportunistes »).

Exercice suggéré : Notez les SERMA de la journée

Pour ajouter aux deux exercices précédents sur les SER et les déclencheurs, utilisez les Métaphores et les Actions que vous auriez aimé faire, mais que vous n'avez pas osé faire, pour décrire comment vous vous sentez. J'ajoute ainsi le *M* et le *A* à l'acronyme SER. *M* signifie Métaphore et *A* Action, ce qui forme le nouvel acronyme SERMA. Inscrivez les métaphores et les actions avec des déclencheurs. Voici quelques exemples :

Lundi 12 février 2024

- Une amie annule un rendez-vous à la dernière minute
  - Déclencheur : la vue de son message texte sur mon téléphone : « Je dois annuler notre rendez-vous »
  - SERMA :
    - J'aurais le goût de la bloquer de mon compte (Action)
    - Pincement au plexus
    - Déception
- Mon bébé s'est réveillé cette nuit. Il se réveille souvent la nuit.
  - Déclencheur : les pleurs de mon bébé

- SERMA :
  - Je me sens comme une prisonnière avec un boulet à sa cheville (Métaphore)
  - Impuissance
  - Frustration
  - Serrement au plexus

Ne faites rien d'autre pour le moment. Notez seulement vos paires « déclencheur + SERMA » de la journée. Cet exercice développera un « muscle » important : lorsque vous ferez du *tapping*, vous serez davantage en mesure de décrire ce qui vous dérange et comment vous vous sentez.

Connaissez-vous le premier film *Karaté Kid* ? Le maître fait faire à l'adolescent différents exercices qui n'ont rien à voir avec le karaté, justement pour bien le préparer à cet art martial. Par exemple, peinturer toute la maison non pas avec des mouvements de haut en bas, mais seulement avec des mouvements de gauche à droite. La moitié du temps avec la main droite et l'autre moitié avec la main gauche. Eh bien, je veux faire de vous des *EFT Kids* pour vous permettre de participer au « tournoi de la vie » et de combattre efficacement dans l'arène du stress et des épreuves ! Ces deux exercices (noter les déclencheurs et les SERMA), qui n'incluent pas encore de *tapping*, vous permettront d'être encore plus efficace dans l'art de bien décrire ce qui vous dérange et comment vous vous sentez.

Et, je le répète, ne vous mettez pas de pression. Si vous notez une seule paire « déclencheur + SERMA » dans votre journée, c'est parfait. Si vous faites l'exercice tous les deux ou trois jours, c'est parfait aussi.

Fin de l'exercice

Toute la matière première — Les 13 ingrédients de l'EFT

Pour résumer, voici la matière première de cette approche que j'aime aussi appeler le « terrain de jeu de l'EFT ».

Les trois SER et le M (Comment te sens-tu ?) :

- les Sensations dans le corps ;
- les Émotions ;
- les Ressentis ;
- les Métaphores (Comment te sens-tu ? Exprime-toi avec une image).

Ces éléments sont souvent accompagnés d'un des sept déclencheurs (Qu'est-ce qui me dérange ?) suivants :

- visuel ;
- auditif ;
- kinesthésique ;
- olfactif ;
- gustatif ;
- pensée ;
- temps.

Les deux éléments suivants peuvent aussi être présents :

- les Actions qu'on aurait aimé faire (Qu'est-ce que tu aurais aimé faire si tu avais pu ?) ;
- les croyances (Qu'est-ce que tu crois ?)

Dans la définition (*pages 33 à 35*), je vous parlais de la connexion avec votre univers intérieur. Ce sont ces 13 éléments que vous utiliserez pour nommer et décrire votre univers intérieur, lequel alimentera la « machine EFT ». Si on reprend le schéma du début, on a maintenant :

Les 13 éléments (matière première) →*Tapping* (EFT) →Mieux-être

La matière première — Les deux questions fondamentales

Vous avez déjà vu plusieurs fois ces deux questions, et il est très important de les avoir toujours en tête. Je vous présente donc de nouveau ce que j'appelle les deux questions fondamentales pour faire des rondes efficaces. Ce sont les réponses à ces deux questions, qui correspondent aux 12 premiers ingrédients, qui alimenteront la « machine EFT ».

La question la plus importante est la suivante :

- Comment te sens-tu ?

Et la question qui cherche à nommer ce qui génère les « pas-bien » :

- Qu'est-ce qui te dérange ?

La matière première « croyance » (le 13e ingrédient) n'est pas abordée en profondeur dans le présent livre. Elle le sera dans un éventuel prochain livre. Regardons maintenant le premier concept de base.

2. Les deux composantes essentielles

Imaginez qu'on est avant le repas du midi. Si je vous mets le nez dans un sac de chips (croustilles) ou au-dessus des effluves d'un morceau de chocolat, comment allez-vous réagir ? C'est ce que je propose à mes étudiantes dans mes formations EFT de niveau 1. Certaines vont saliver et avoir une envie à 12 sur 10. D'autres vont plutôt avoir un élan modéré à 6 sur 10. Par contre, après une seule ronde d'EFT classique, pour l'une d'entre elles, les chips auront une forte odeur de graisse. Pour une autre, après deux rondes, le chocolat présente une odeur chimique désagréable. Et pour une autre encore, après quelques rondes, l'envie de ces friandises, qu'elle avait évaluée à 12 sur 10 au départ, s'est transformée en dégoût. Son niveau d'envie s'est réduit à 0 sur 10. L'EFT a un taux de succès assez élevé lorsque vient le temps de réduire une envie de nourriture dans l'ici et maintenant. C'en est hallucinant. C'est le cas également pour les douleurs qui font aussi partie de la matière du niveau 1. Une des raisons à cela ? On le verra en explorant les deux composantes essentielles de l'EFT, et surtout la première !

Quelles sont ces deux composantes essentielles ? La connexion avec ce que vous désirez apaiser et le *tapping* des points d'acupuncture.

2.1. La connexion avec votre univers intérieur

La première composante, ultra-importante, c'est la connexion avec ce que vous désirez apaiser. J'utilise aussi les mots « univers intérieur » et « réalité intérieure ». Quelle est donc cette réalité intérieure ? Elle correspond aux 13 ingrédients de la matière première décrits précédemment :

- les cinq SERMA, qui permettent essentiellement de décrire comment on se sent ;
- les croyances, qui correspondent à ce qu'on croit ;
- les sept déclencheurs, qui indiquent ce qui nous dérange.

Certaines personnes vont me dire : « François, les déclencheurs, ce n'est pas à l'intérieur, c'est à l'extérieur. L'odeur de chips, elle n'est pas à l'intérieur ! » Et moi de vous répondre : « Oui et non ! » Le déclencheur provient, la plupart du temps, de l'extérieur : ce que vous entendez ; ce que vous voyez ; ce qu'on vous fait physiquement, ce que vous sentez, comme des chips ou du chocolat. Par contre, il peut également avoir une origine intérieure, comme vos pensées.

***** Vous avez un système d'interprétation des déclencheurs en vous*****

Il faut comprendre que les déclencheurs extérieurs ne représentent à la base que des stimuli neutres. Qu'est-ce qui va donner à ces stimuli neutres un certain poids, une certaine influence sur vous ? Lorsque vous recevez ces stimuli, il y a un système d'interprétation qui va faire en sorte qu'ils vont vous déranger ou non. Ce système d'interprétation, à l'intérieur de vous, agit comme un filtre qui tire ses origines des blessures, des croyances et des expériences conservées dans les mémoires que vous portez. Le traitement de ces stimuli, neutres à l'origine, se passe à l'intérieur de vous. Voilà pourquoi j'ajoute les déclencheurs dans les composantes de votre réalité intérieure à apaiser. Il y a une synergie qui s'installe si on se connecte à la fois aux déclencheurs et à ce qu'ils ont généré : les « pas-bien » (les SERMA) décrits précédemment. En combinant les deux (déclencheurs et « pas-bien »), on améliore la qualité de la connexion avec notre réalité intérieure.

Ainsi, j'y reviens parce que c'est très important à intégrer, notre réalité intérieure se résume à :

- ce qui nous dérange, nos déclencheurs. Il y en a sept au total : visuel, auditif, kinesthésique, olfactif, gustatif, ainsi que les pensées et le temps ;
- la manière dont on se sent, nos « pas-bien ». Les cinq « pas-bien » (SERMA) sont : les sensations du corps, les émotions, les ressentis, les métaphores et les actions qu'on aurait aimé faire ;
- nos croyances.

Les déclencheurs et les SERMA se retrouvent, la plupart du temps, ensemble. C'est souvent avec cette paire « déclencheur + SERMA » que vous vous connecterez. Dans les autres cas, se connecter avec un des SERMA seulement sera suffisant. Le déclencheur n'est pas toujours requis.

Vous savez maintenant à quoi vous connecter. Par contre, comment fait-on pour se connecter à cette réalité intérieure ? Il y a trois façons de le faire.

La connexion — Utiliser sa conscience

La première façon de se connecter à ce qu'on ressent est toute simple. Il s'agit de prendre conscience de la réalité intérieure que l'on désire apaiser. Si vous faites une ronde sur la colère et que vous dites : « Je suis en colère », mais que, en même temps, vous pensez à votre liste d'épicerie (ou liste de courses), l'EFT ne fonctionnera pas aussi bien que si vous vous concentrez sur cette colère, sur les sensations du corps qui accompagnent la colère et sur les déclencheurs qui l'ont causée. Votre conscience ne doit pas être ailleurs pendant que vous faites la ronde, même si vous dites les mots adéquats. Ne rien dire en pensant à votre colère est beaucoup plus efficace que de dire « Je suis en colère » en pensant à une liste de courses.

La connexion — Solliciter ses sens

Solliciter ses sens est une autre façon de favoriser cette connexion importante avec sa réalité intérieure. Par exemple, si vous êtes visuelle, il s'agit de visualiser les déclencheurs. Si quelqu'un vous a fait quelque chose qui vous a dérangée, ou si quelqu'un vous a dit quelque chose de perturbant, il est intéressant de visualiser la situation. C'est encore mieux si vous ajoutez tout ce que vous pouvez sur le plan des autres sens : par exemple, ce que vous avez entendu, les odeurs que vous avez senties, les sensations kinesthésiques que vous avez eues. Si vous pouvez visualiser la situation, que ce soit une image fixe ou un petit film, et que vous impliquez vos sens le plus possible, vous augmenterez la connexion avec cette réalité intérieure que vous désirez apaiser et vous pourrez faire des rondes plus efficaces.

La connexion — S'exprimer à voix haute

On peut aussi décrire, avec des mots, son univers intérieur et exprimer ces mots, autant que possible, à voix haute. On n'a pas absolument besoin de mots pour faire de l'EFT. Par contre, si vous ajoutez des mots en même temps que vous tapotez, et qu'en plus vous les prononcez à voix haute, ceux-ci peuvent favoriser encore davantage la connexion à votre réalité intérieure. (*Vous verrez un peu plus loin dans ce chapitre quels mots il faut choisir pour les rondes EFT.*)

Ces trois façons de se connecter sont très présentes dans ma formation EFT de niveau 1 alors que les participantes sont devant les sacs de chips et le chocolat. Avec l'aliment dans le champ visuel et l'odeur pas trop loin, l'envie, quelle que soit son intensité, est aisément identifiable, et la conscience s'installe facilement dans tout cela. C'est le cas également pour les douleurs. Il est très facile d'être présent à un inconfort physique pendant le *tapping*. Si on fait les rondes EFT à voix haute, tout est là pour avoir des résultats impressionnants, très rapidement !

L'évaluation de l'intensité de vos perturbations

Dans l'univers de l'EFT, c'est souvent une bonne pratique que d'évaluer l'intensité de vos « pas-bien » (vos SERMA). Cette évaluation se fait avec l'échelle SUD (*Subjective Unit of Distress*). En français, on peut dire « échelle d'unités subjectives de détresse ». C'est une échelle allant de 0 à 10 qui mesure l'intensité subjective de la perturbation ou de la détresse vécue à un instant donné par une personne. Le nombre 0 représente l'intensité la plus faible, et le nombre 10, la plus forte que vous pouvez imaginer.

Exercice suggéré : Évaluer ses « pas-bien »

Dans le cadre des exercices précédents (*pages 101, 111, 112 et 114*), je vous suggérais, à la fin de vos journées, de lister dans un journal les paires déclencheur + SERMA que vous avez observées. Bref, il faut décrire ce qui vous a dérangée ainsi que les « pas-bien » vécus durant la journée. Je vous suggère également d'ajouter un élément : évaluez l'intensité de vos SERMA. Donnez-leur une note de 0 à 10, 10 étant l'intensité la plus forte que vous pouvez imaginer.

Voici un exemple :

Lundi 12 février 2024

- Une amie annule un rendez-vous à la dernière minute.
    - Déclencheur : La vue de son message texte sur mon téléphone : « Je dois annuler notre rendez-vous. »
    - SERMA :
        - J'aurais le goût de la bloquer de mon compte (action). J'aurais aimé la bloquer à 6 sur 10 ;
        - Pincements au plexus (sensation du corps) à 7 sur 10 ;
        - Déception (ressenti) à 6 sur 10.

- Mon bébé s'est réveillé cette nuit. Il se réveille souvent la nuit.
    - Déclencheur : Les pleurs de mon bébé.
    - SERMA :
        - Je me sens comme une prisonnière avec un boulet à la cheville (métaphore). Je me sens prisonnière à 8 sur 10 ;
        - Impuissance (ressenti) à 8 sur 10 ;
        - Frustration (ressenti) à 5 sur 10.

Surtout, ne stressez pas avec l'exactitude de votre évaluation. La précision n'est pas importante ici. Ce chiffre ne sert qu'à mieux cerner l'évolution de votre « pas-bien ». Celui-ci peut augmenter, diminuer ou ne pas changer. Mettre un chiffre sur vos SERMA vous aidera à suivre l'évolution de vos perturbations.

Ne faites rien d'autre pour le moment. Notez seulement vos paires « déclencheur + SERMA » de la journée, avec une évaluation de l'intensité de chacun. Cet exercice quotidien va développer deux « muscles » importants et en préparer un troisième à vos séances d'EFT :

1. votre capacité à décrire ce qui vous dérange et comment vous vous sentez ;
2. votre capacité à vous connecter à ces deux éléments ;
3. votre capacité à suivre l'évolution de l'intensité de vos perturbations.

Fin de l'exercice

2.2. Le *tapping*

La deuxième composante, vraiment incontournable, de l'EFT est le *tapping*. C'est l'essence même de cette approche. C'est l'élément transformateur. Il s'agit de tapoter des points rattachés à des méridiens. La majorité des études qui font le lien entre le fait de stimuler ces points et les conséquences physiques sur le corps démontrent tout simplement que tapoter ces points calme le système nerveux.

Ainsi, d'un côté, vous avez la connexion avec ce qui vous perturbe et, de l'autre, vous avez un geste qui permet d'apaiser cela. Comme je l'ai mentionné plus tôt (*voir le chapitre* 1), ces points sont associés à des méridiens. Le chapitre 3 vous a présenté en détail chacun des points et trois façons de les tapoter. C'est lorsque vous tapotez que la magie de l'EFT agit.

Ainsi, seulement tapoter, sans aucune connexion, permettra de calmer, d'une certaine façon, votre système nerveux. Biologiquement et énergétiquement, c'est ce que le *tapping* produit. Il est donc possible d'affirmer que la connexion n'est pas nécessaire pour profiter de l'effet calmant de l'EFT.

Cependant, la connexion avec l'univers intérieur est absolument essentielle pour effectuer un travail ciblé et précis, et obtenir des rondes EFT performantes. C'est pour cette raison que je présente la connexion avec son univers intérieur et le *tapping* comme les deux composantes essentielles et même fondamentales de l'EFT.

3. La question fondamentale pour le choix des mots

On a vu, lors de la présentation des trois façons de faire de l'EFT et des deux composantes essentielles, que les mots que vous prononcez pendant une ronde ne sont pas obligatoires pour vivre des transformations. Cependant, ils favorisent la connexion avec votre réalité intérieure et rendent les rondes plus efficaces. Les débutantes en EFT me posent souvent les deux questions suivantes :

- Qu'est-ce que je dois dire dans mes phrases EFT ?
- Est-ce que je dis les bons mots pendant ma ronde ?

Je vous invite à ne plus poser ces questions, mais à vous demander plutôt :

- Est-ce que les mots que j'ai choisis pour ma ronde correspondent bien à la réalité intérieure que je veux apaiser ?

Savez-vous quelle est la meilleure personne pour répondre à cette question ? Eh bien, c'est vous ! Vous êtes la mieux placée pour déterminer si les mots que vous vous apprêtez à utiliser dans votre ronde décrivent bien votre réalité intérieure. Ces mots doivent essentiellement répondre aux questions suivantes :

- Qu'est-ce qui vous dérange ?

  Utilisez les sept déclencheurs pour répondre :

  - ce que vous avez vu ;
  - ce que vous avez entendu ;
  - ce que vous avez resenti (kinesthésie) ;
  - ce que vous avez senti (odeur) ;
  - ce que vous avez goûté ;
  - ce que vous avez pensé ;
  - le temps.
- Comment vous sentez-vous ?

  Utilisez les cinq SERMA pour répondre :

  - Sensations du corps ;
  - Émotions ;
  - Ressentis ;
  - Métaphore ;
  - Action que vous auriez aimé faire.

***** La question fondamentale — deux déclinaisons *****

Cette question fondamentale, qui peut se décliner de deux façons, est à lire, à retenir, à relire et à « rerelire ». Il faut indiscutablement se la poser si on désire faire de l'EFT efficacement :

- Est-ce que les mots que j'ai choisis pour ma ronde correspondent bien à la réalité intérieure que je veux apaiser ?

On peut aussi ajouter, si vous êtes en mode placotons et tapotons :

- Est-ce que les mots que j'utilise quand je raconte mon événement, quand je parle de mon problème, correspondent bien à ce qui me dérange et à la manière dont je me sens ?

Vous savez maintenant quelle est la meilleure personne pour répondre à cette question. Oui, oui ! C'est vous ! Pas votre amie. Pas vos parents. Sûrement pas votre patronne. Ni votre praticienne EFT (celle-ci peut vous aider, par contre). VOUS êtes la mieux placée pour déterminer si les mots que vous vous apprêtez à utiliser dans votre ronde ou dans votre séance placotons et tapotons décrivent bien votre réalité intérieure.

***** La question fondamentale — à retenir absolument *****

Cette question est indiscutablement et irrémédiablement fondamentale. Je crois bien que je vous l'ai donnée. Cependant, au cas où vous ne l'auriez pas retenue :

- Est-ce que les mots que j'ai choisis, pour ma ronde ou pendant que je placote, correspondent bien à la réalité intérieure que je veux apaiser : ce qui me dérange et surtout comment je me sens ?

Retenez-la bien ! C'est la clé pour savoir si vous dites les bons mots dans vos moments EFT, que vous soyez en mode classique ou en mode placotons et tapotons.

4. L'importance des émergences

Voici maintenant le concept probablement le plus sous-estimé en EFT : les émergences, sources de cadeaux inestimables et souvent hallucinants !

Dans le cadre de la formation niveau 1, lors du *tapping* en groupe sur les compulsions alimentaires, notamment les croustilles (chips) et le chocolat, nous assistons à l'apaisement de l'envie pour la nourriture devant nous. Cet apaisement se présente souvent très rapidement et de façon spectaculaire. Par contre, ce n'est pas tout ! Il y a aussi les émergences. À la fin et même pendant une ronde, une émergence c'est tout ce qui peut apparaître à votre conscience, comme ça, spontanément, sans l'avoir forcé. Pour le moment, vous n'avez rien à faire de particulier pour générer ces émergences. Vous devez tout simplement savoir qu'elles existent et y porter attention.

Dans cette section je vous parle de l'importance des émergences. Dans la partie 3 sur l'anatomie d'une ronde EFT (*chapitre 8, page 191*), vous découvrirez davantage de détails sur ces émergences et quoi faire lorsqu'elles se présentent.

Exemples d'émergences

Pour Réjeanne, lors de la première ronde effectuée à propos du maïs soufflé (*pop corn*), c'est son enfance dans le monde du cirque qui a émergé. À part les cinémas, s'il y a une place où il y a beaucoup de *pop corn*, c'est bien au cirque ! La discussion, à la suite de cette émergence, a mis en évidence un énorme traumatisme vécu vers l'âge de 9 ans. Avec seulement deux rondes et les discussions sur les émergences, son envie de maïs soufflé est passée de 9 sur 10 à 0.

Nathalie a fait une ronde pour son goût prononcé du café. Ce n'était pas son heure, donc son envie était seulement à 4 sur 10. Après une ronde, elle est descendue à 0. Dans son cas, l'émergence qui s'est présentée concerne l'époque à l'université où elle prenait beaucoup de café. C'était une époque très associée à la performance dans le stress.

Pour Johanne, son envie de chips s'est transformée en dégoût après seulement une ronde. Et comme émergence, elle a vu les moments joyeux de son enfance où les chips avaient une place d'honneur. Quand elle était petite et que ses parents sortaient, sa mère achetait des chips. Elle s'est revue dans le salon avec la gardienne ainsi que ses frères et sœurs et c'était la fête. Elle a alors pris conscience que pour elle, les chips sont associées à la joie de vivre et la récompense.

L'importance des émergences — celles qui ont du sens

L'EFT a cette capacité de favoriser les émergences. Avec l'EFT, c'est comme si vous pouviez atteindre le fond de la mer pour débusquer et favoriser la remontée de bulles. Ces bulles ne remontent pas à la surface par hasard. Je fais toujours la supposition qu'il existe un lien entre la cible EFT de la ronde et l'émergence (la bulle) qui se présente pendant ou tout juste après cette ronde. Les trois cas précédents en sont un bel exemple. Pour Réjeanne, le maïs soufflé nous a amenés au cirque, moments de bonheur avec son père. Ces moments de bonheur ont été vécus surtout autour de 9 ans. Et, l'âge de 9 ans nous a amenés à un traumatisme très gros. Les émergences peuvent représenter de véritables cadeaux qui n'auraient pas été accessibles autrement.

***** Le travail avec les émergences — un bond quantique *****

Depuis que j'ai appris à favoriser et à considérer sérieusement les émergences, l'efficacité de mes accompagnements EFT a fait un bond quantique en ce qui concerne la rapidité et la résolution des problématiques. Dans ma pratique, je passe beaucoup moins de temps à faire ce qu'on appelle communément dans le monde de l'EFT « du travail de détective » pour trouver les causes profondes des problématiques. Je m'active à faire du *tapping* tout en installant les conditions les plus favorables pour favoriser l'apparition d'émergences pertinentes.

L'importance des émergences — celles qui n'ont pas de sens

Alors que je travaillais avec une cliente sur une problématique particulière, elle m'informe de la chose suivante après une ronde : « François, je ne sais pas pourquoi, mais je vois un toutou (ours en peluche). C'est un toutou que je n'ai jamais vu. Ce n'est pas le mien. » Ce toutou qui est apparu de « nulle part », sans forcer, spontanément, peut également être considéré comme une émergence dont on doit tenir compte, même si elle n'a pas de sens.

La question à se poser ici est : que faisons-nous avec de telles émergences ? Dans mon univers, je considère que les émergences n'apparaissent pas par hasard. Je suis très sensible aux émergences, même celles qui n'ont pas de sens, et je fais tout pour les favoriser. Je m'adresse ici aux praticiennes EFT : pour maximiser l'efficacité de vos accompagnements, vous devez absolument savoir quoi faire pour favoriser les émergences et une fois celles-ci entre vos mains, vous devez savoir quoi faire avec. Je l'ai déjà mentionné, ce sont des perles, des cadeaux insoupçonnés qui peuvent faire faire des bonds quantiques à la personne que vous accompagnez.

***** Du toutou inconnu à MON toutou, avec une ronde de *tapping* *****

Vous vous demandez alors ce que j'ai fait avec l'émergence « toutou ». Eh bien, j'en ai fait une ronde : « Même si j'ai vu un toutou et je ne sais pas pourquoi… ». À la fin de la ronde, elle me dit : « Oh François. C'est vraiment spécial. Ce que je vois maintenant c'est moi petite, en train de pleurer, et je mets ma bouche dans mon toutou (dans mon ours en peluche) pour que ma mère ne m'entende pas ». Voilà le cadeau ! Un événement du passé, enfant, avec un gros stress mémorisé.

Le canard

Une de mes clientes m'annonce, après une ronde, les émergences suivantes : « Je ne sais pas pourquoi, mais je vois le mot canard et une branche d'arbre ». Et moi, de répondre : « Est-ce que cela te fait penser à quelque chose ? ». Elle me répond : « Non ». J'y vais alors avec ces émergences pour une nouvelle ronde. « Même si j'ai vu le mot canard et une branche d'arbre, et je ne sais pas pourquoi… ». À la suite de cette ronde, elle m'annonce : « Je vois maintenant le visage de mon père. Aucun corps, aucun contexte, seulement sa figure ». Et je reviens de nouveau avec ma question : « Est-ce que cela te fait penser à quelque chose ? ». Elle me répond : « Non ». J'y vais alors avec cette émergence pour une nouvelle ronde : « Même si je vois le visage de mon père et je ne sais pas pourquoi… ». À la suite de cette ronde, elle m'annonce : « Je vois du brun. C'est comme de la bouette (boue) ». Toujours la même question de nouveau : « Est-ce que cela te fait penser à quelque chose ? ». Elle me répond « Non ».

***** On passe à côté d'opportunité en mettant de côté les émergences qui n'ont pas de sens *****

Nous pourrions continuer le processus, mais j'ai tendance à me limiter à trois rondes d'émergences qui n'ont pas de sens. Je décide alors de mettre toutes ces émergences ensemble : « Si nous mettons ensemble canard, branche d'arbre, visage de père et bouette, est-ce que tout cela te fait penser à quelque chose ? ». Le visage de ma cliente se remplit de surprise et elle commence à me raconter : « Ah oui ! Je me rappelle ! Cela m'a traumatisée ! Quand j'étais petite, autour de 6 ans environ, j'ai entendu l'histoire du décès du père d'une de mes très bonnes amies. Il est mort à la chasse au canard, noyé, et il tenait une branche d'arbre dans ses mains ». Voilà un autre exemple de cadeau ! Un événement du passé, enfant, avec un gros stress mémorisé. Si je n'avais pas considéré le canard et la branche d'arbre après la première ronde, je serais passé à côté d'une opportunité de nettoyage d'un événement significatif du passé.

Dans les trois premiers cas avec la nourriture, les émergences avaient un lien évident avec la cible EFT de la ronde. Dans les deux derniers exemples, les émergences initiales n'avaient pas de sens. Vous avez deux choix devant de telles émergences : soit vous ne faites rien, soit vous vous en occupez. Comme mentionné plus haut, je travaille avec l'hypothèse que les émergences ne sont pas le fruit du hasard. Je considère qu'elles sont pratiquement toujours en lien avec les éléments avec lesquels vous êtes en train de travailler, même si les émergences n'ont pas de sens.

***** Les émergences qui n'ont pas de sens... la pointe de l'iceberg *****

Pour moi, ces émergences qui n'ont pas de sens ne sont que la pointe de l'iceberg. Je suis toujours curieux, j'ajouterais même, extrêmement intéressé, à découvrir l'iceberg qui se cache sous la pointe qui vient d'apparaître. Une émergence peut être LA clé pour éliminer définitivement la problématique sur laquelle vous travaillez. Il ne faut pas la manquer si elle se pointe le bout du nez !

Ainsi, avec les deux composantes essentielles pour faire de l'EFT, surtout l'importance de votre connexion avec votre univers intérieur ; avec la question fondamentale à se poser pour savoir si vous dites les bons mots dans vos rondes EFT ; et avec les précieuses émergences, vous avez entre les mains les fondements incontournables pour une pratique performante de l'EFT. Ajoutez l'atout de la prochaine section, la précision, et vous aurez des fondations très solides pour vous installer dans la pratique de l'EFT digne d'une pro !

5. L'importance de la précision

Si l'EFT ne fonctionne pas, le premier élément à considérer, c'est la connexion avec la réalité intérieure que vous désirez apaiser :

- Est-ce que votre conscience est bien installée dans cette réalité intérieure ?
- Si c'est possible pour vous, pouvez-vous imaginer, de la façon la plus claire possible, la situation ou la personne qui vous perturbe ?
- Et finalement, est-ce que les mots que vous utilisez et dites à voix haute décrivent bien ce qui vous dérange et comment vous vous sentez ?

Si vous répondez oui à toutes ces questions, vous avez une très bonne connexion avec votre réalité intérieure. Vous pouvez alors vous demander si vous travaillez dans la précision pour favoriser le nettoyage le plus complet possible de cette réalité intérieure pour une problématique donnée.

En effet, après la connexion, un des critères de succès pour faire un travail EFT efficace, c'est la précision. Par exemple, si votre « pas-bien », votre émotion à apaiser, c'est la peur, vous pouvez utiliser, dans vos rondes EFT ou dans votre séance placotons et tapotons, « j'ai peur », tout simplement. Par contre, il est possible d'être plus précise en ajoutant l'objet de votre peur. Par exemple, « j'ai peur des araignées ». Vous serez d'accord pour affirmer que « j'ai peur des araignées » est plus précis que « j'ai peur ». Il est possible d'être encore plus précise avec « j'ai peur de me faire mordre par une araignée ». Ici, le déclencheur, c'est l'idée de morsure par l'araignée. Il est possible d'ajouter un autre niveau de détail avec « j'ai peur de me faire mordre par une araignée noire et poilue ».

***** Sortir la loupe. Faire le zoom. *****

J'appelle cet exercice de précision sortir la loupe, faire le zoom. Lorsque vous entrez dans une séance EFT, arrivez avec votre loupe et préparez-vous à faire des zooms pour détailler, avec le plus de précision possible, ce qui vous dérange et comment vous vous sentez. Cela ne s'applique pas seulement au déclencheur. Cette logique est également valide pour les SER, vos sensations du corps, vos émotions et vos ressentis. Si nous nous arrêtons sur le mot « peur », peut-être qu'il ne traduit pas assez précisément comment vous vous sentez. Une précision accrue peut être atteinte avec « Je suis effrayée » ou « Je suis paniquée » ou même avec une Métaphore ou une Action que vous aimeriez faire : « Je tremble comme une feuille » ou « J'aurais le goût de partir en courant ». Voici donc les phrases de la moins précise à la plus précise :

- J'ai peur.
- J'ai peur des araignées.

- J'ai peur de me faire mordre par une araignée.
- J'ai peur de me faire mordre par une araignée noire et poilue.
- Je suis paniquée à l'idée de me faire mordre par une araignée noire et poilue.
- J'aurais le goût de partir en courant devant une araignée noire et poilue qui pourrait me mordre.

Lorsque vous répondez aux questions « Qu'est-ce qui me dérange ? » et « Comment est-ce que je me sens ? », je vous invite à le faire avec le plus de précision possible, avec votre loupe, avec votre zoom. Vous répondrez alors à l'un des critères importants de succès (après la connexion) pour générer du *tapping* EFT efficace favorisant le maximum d'apaisement et de transformation.

Il existe de nombreuses autres raisons qui expliqueraient pourquoi l'EFT ne fonctionne pas. Je vous en présente davantage dans la partie 4 de ce livre.

Vous avez maintenant les fondamentaux entre les mains :

- Les neuf points à tapoter et comment les tapoter
- Trois façons de faire de l'EFT
    - En silence
    - En mode placotons et tapotons
    - En mode structuré classique
- La matière première de l'EFT et ses trois questions
    - Comment est-ce que je me sens ?
        - Les cinq SERMA
    - Qu'est-ce qui me dérange ?
        - Les sept déclencheurs
    - À quoi est-ce que je crois ?
        - Les croyances

- Les deux composantes essentielles
    - La connexion avec votre univers intérieur
    - Le tapping
- La question fondamentale pour savoir si vous dites les bons mots
    - Est-ce que les mots que je dis correspondent bien à l'élément de mon univers intérieur que je veux apaiser ?
- Les précieuses émergences, à favoriser, à capter, à considérer et à traiter
- Et finalement, l'importance de la précision (sortir la loupe, faire le zoom)

En répondant aux questions associées à la matière première de l'EFT, avec précision ; en utilisant les réponses pour bâtir vos phrases ; phrases qui correspondent aux éléments de votre univers intérieur que vous désirez apaiser ; en restant connectée sur tout cela ; tout en tapotant ; et en considérant les émergences qui peuvent se présenter, vous avez tous les critères de succès pour vivre des moments EFT qui vous permettront de générer le maximum d'apaisement et de transformation.

Je veux de nouveau souligner l'importance de ce chapitre. Si vous avez un chapitre à lire lentement et plusieurs fois, c'est bien ce chapitre que vous venez tout juste de terminer. N'hésitez pas à le relire plusieurs fois à intervalles réguliers, après avoir pratiqué l'EFT quelques fois.

J'ai décidé, pour cette fin de la partie 2, de m'assurer qu'il y ait le moins de barrières possible pour que vous puissiez vous lancer au maximum dans cette pratique. Dans la prochaine section, je vous parlerai des précautions à prendre. Ces précautions vont vous permettre de savoir jusqu'où vous pouvez aller, quoi faire et ne pas faire, le tout, pour être davantage en confiance dans l'utilisation de l'EFT pour vous et vos proches.

CHAPITRE 5

LES PRÉCAUTIONS

Dans ce petit chapitre, permettez-moi de vous parler des précautions à prendre avec l'EFT. Cette approche est souvent présentée comme une méthode douce. Et je vous le confirme ! Si je regarde mes 18 années de pratique, la majorité de mes séances en groupe ou en individuel se sont passées dans la douceur. Il y a parfois même eu de beaux moments de rire, cela malgré l'ampleur et la lourdeur de ce qu'on voulait libérer. Bien entendu, les émotions intenses peuvent être au rendez-vous dans une séance EFT. Mais en tapotant en boucle avec patience et persévérance, tout se calme inévitablement. Cela dit, quand on utilise une nouvelle méthode, il est toujours préférable de savoir jusqu'où on peut aller, ce qu'on peut faire ou ne pas faire. Cela permet d'être davantage en confiance.

L'EFT une méthode douce

Selon l'estimation de Gary Craig, le créateur de cette méthode, seulement un très petit pourcentage (moins de 3 %) des personnes qui ont utilisé l'EFT rapportent avoir vécu un état de détresse (en anglais, Craig utilise le mot *distress*). Il ne donne pas de précision sur le type de détresse. Je trouve ce pourcentage un peu élevé.

À son avis, les principales raisons des effets négatifs de l'EFT sont :

- une mauvaise compréhension du processus EFT ;

- le fait que des personnes non expérimentées vont là où elles ne devraient pas aller.

Dans le cadre de ce livre, pour le stress et les épreuves de la vie au quotidien, les chances de vivre des effets négatifs avec l'EFT sont microscopiques. On ne cherche pas ici à déterrer et à nettoyer de vieux traumatismes enfouis et vécus dans d'extrêmes souffrances. On veut surtout calmer ce qui est présent dans l'ici et maintenant ou dans le passé récent.

Cela dit, j'aimerais tout de même vous communiquer les effets négatifs possibles de l'EFT pour faire un portrait complet de cette technique. Essayons, dans un premier temps, de préciser le mot *distress* que Gary Craig utilise. Il y a ce qui se passe pendant la séance et ce qui se passe après la séance.

- Pendant la séance, dans les pires scénarios, vous pouvez expérimenter :
  - des perturbations émotionnelles intenses ;
  - beaucoup plus rarement, des pertes de contact avec la réalité et des « retraumatisations ».
- Après la séance :
  - la personne peut se sentir moins bien qu'avant la séance.

Pendant la séance — Les perturbations émotionnelles intenses

Certaines personnes n'ont pas peur d'aller dans l'émotion et elles auront l'impression d'avoir bien travaillé seulement si elles vivent de grandes émotions. Lorsque je précise que le plus important en EFT, c'est la connexion avec la réalité intérieure que vous désirez apaiser, certaines vont penser que connexion et émotion vont de pair. Ainsi, pour ces personnes, une connexion forte sera associée à des émotions intenses. Si elles n'ont aucune émotion, pour elles, il n'y a pas de connexion.

Il existe en EFT des techniques douces qui ont justement pour objectif de diminuer le plus possible les émotions fortes pendant la séance, sans nécessairement nuire à la connexion avec l'univers intérieur. Cependant, il arrive parfois qu'on soit surprise et submergée par une forte perturbation émotionnelle. Dans ce cas, que vous soyez seule ou accompagnée, la recette est simple. Il suffit de tapoter en boucle, avec persévérance, jusqu'à l'apaisement. Ça fonctionne toujours.

Il n'est pas rare qu'il y ait de l'intensité émotionnelle pendant une séance EFT. Une bonne praticienne peut manœuvrer pour minimiser le plus possible les émotions fortes et bien les gérer lorsqu'elles se présentent.

Pendant la séance — Les pertes de contact avec la réalité et la « retraumatisation »

En 18 ans de pratique, je peux compter sur les doigts d'une main les moments où la personne que j'ai accompagnée a perdu le contact avec la réalité et nous avons eu l'impression qu'elle était en train de revivre un traumatisme. Il y a même quelques doigts de libres dans ma main. Avec une praticienne certifiée et expérimentée, à mon avis, la possibilité de vivre ce type de détresse est beaucoup moins que le 3 % mentionné par Gary Craig. Avec ma clientèle en groupe et en individuel, il y a probablement moins de 0,1 % des séances où l'intensité de la détresse est tellement grande que je dois modifier mon objectif. Dans de tels cas, je ne vise pas à apaiser cette perturbation avec l'EFT. Mon objectif est plutôt de ramener la personne dans l'ici et maintenant. Et, dans ce 0,1 % des séances, le retour à la réalité se fait très rapidement à l'aide de techniques simples. Ainsi, avec une praticienne expérimentée, vous n'avez rien à craindre.

Parmi ma clientèle, j'ai rencontré des personnes qui ont été profondément perturbées par des souvenirs insoupçonnés qui ont émergé simplement en regardant un film ou même en pratiquant des exercices de respiration particuliers. Ainsi, la seule façon de ne pas perdre le contact avec la réalité et d'éviter les « retraumatisations » est de rester tranquille dans son coin et ne pas bouger. Vous avez deviné, j'ironise ici ! Je le souligne avec force, parce ce que je ne veux surtout pas que vos peurs vous empêchent de profiter des incroyables bénéfices de cette technique. Si vous faites de l'EFT seule et que vous vous limitez aux sujets de ce livre (réduire le stress au quotidien et affronter les épreuves de la vie), les probabilités d'expérimenter des pertes de contact avec la réalité et des « retraumatisations » sont ultramicroscopiques. Je crois sincèrement que vous avez plus de chances de « retraumatisation » en regardant un film dont le contenu résonne avec vos blessures profondes qu'en travaillant avec l'EFT sur votre stress quotidien et les chocs de la vie.

Pendant et après la séance — Les effets secondaires de l'EFT

Eh oui, l'EFT produit certains effets secondaires ! Le plus souvent éprouvé, c'est la fatigue. C'est assez commun pour plusieurs approches de mieux-être, dont la plupart des soins énergétiques, en fait. L'EFT permet le relâchement de nombreuses tensions. À la suite d'une séance, et parfois même pendant, une très grande fatigue peut se manifester. J'ai même eu une cliente qui s'est endormie devant moi, en pleine séance. Mon intuition m'a proposé de la laisser dormir. Je l'ai donc laissée roupiller pendant environ 10 minutes. Nous avons repris la séance par la suite. C'est comme si l'EFT permettait au corps de s'installer en mode récupération et réparation.

***** Les bâillements et les rots, un signe de relâchement *****

Ce que je vois souvent pendant l'EFT, ce sont les bâillements. Pour moi, c'est un signe de relâchement, donc une très bonne nouvelle. Ne soyez pas gênée de bâiller devant votre praticienne EFT. Elle en sera très heureuse !

Pour d'autres clientes, le signe ultime de relâchement est le rot (éructation). Pour certaines personnes, c'en est hallucinant. Il m'est arrivé d'être témoin de rots continus durant pratiquement toute une séance ! Là encore, votre praticienne EFT sera très contente !

Dans des cas extrêmes rares, un « pas-bien » permanent peut s'installer à la suite de la séance EFT. C'est comme si les mécanismes de protection qui tenaient la souffrance « sous le tapis » avaient cédé (bonne nouvelle, donc), mais que le nettoyage n'avait pas été terminé. Comme si une cicatrice se retrouvait à vif et n'avait pu être complètement nettoyée et refermée avant la fin de la séance. Vous repartez ainsi avec votre cicatrice à vif ou votre tapis soulevé, ce qui laisse à la poussière tout le loisir de se promener partout !

Dans un tel cas, vous devez absolument contacter votre praticienne EFT pour qu'elle vous propose une autre séance le plus rapidement possible, cela dans le but de continuer le travail de nettoyage. Si vous pratiquez l'EFT seule, vous pouvez reprendre rendez-vous avec vous-même le plus rapidement possible pour apaiser ce qui est là, tout simplement. Si vous n'y arrivez pas seule, vous pouvez aussi demander l'aide d'une praticienne EFT. Mais l'idéal, si vous êtes seule, est de ne pas vous mettre dans une situation inconfortable. J'invite les débutantes à se limiter au stress du quotidien et aux chocs de la vie.

Ne pas faire de l'EFT si...

Cela m'amène à vous présenter les situations où l'EFT n'est pas recommandée. Gary Craig, le créateur de l'EFT, le mentionnait souvent : « N'allez pas où vous n'avez pas les compétences ». Par exemple, comme praticienne EFT, vous ne devriez pas travailler avec des personnes qui ont (ou ont eu) des problématiques de santé mentale telles que la schizophrénie, la psychose ou des états de stress post-traumatique, à moins que ce soit votre champ de compétences et que les lois en vigueur dans votre localité vous le permettent. Si vous savez ou soupçonnez que de gros traumas se cachent dans le passé de la personne devant vous, vous devez être formée et avoir de l'expérience avant de vous attaquer de front à ce type de problème. Vous devez également être prudente dans votre accompagnement.

Si vous travaillez seule et que vous savez (ou que vous sentez) que vous avez vécu de gros traumas, vous devriez vous limiter aux sujets présentés dans ce livre. Sinon, je vous conseille de prendre rendez-vous avec une praticienne EFT certifiée et expérimentée.

La résistance est proportionnelle à la souffrance

Notre psyché est très bien faite. S'il y a de très grandes souffrances enfouies, elle a mis en place des mécanismes de protection pour qu'on n'ait pas de contact direct avec ces souffrances, car cela serait insoutenable. Et, la plupart du temps, plus la souffrance vécue dans l'impuissance est grande, plus les mécanismes de protection risquent d'être solides. Si vous vous limitez aux sujets de ce livre, vous ne devriez avoir aucune crainte à exposer à vif vos souffrances du passé. Vos mécanismes naturels de protection vont vous en protéger. Si vous sentez qu'une émergence pourrait vous plonger dans les profondeurs de vos souffrances, abstenez-vous. Prenez-la en note, mais ne la tapotez pas pour aller plus loin. Tapotez seulement vos « pas-bien » du moment pour apaiser ce que l'émergence vous fait vivre.

Ce chapitre, en résumé…

Si j'avais à résumer ce chapitre avec quatre phrases, voici ce que j'écrirais :

- Lors de grandes perturbations émotionnelles, tapoter en boucle avec patience et persistance jusqu'à l'inévitable apaisement.
- Si vous vous limitez au stress du quotidien et aux épreuves de la vie, qui sont des points de départ parfaits pour une débutante, les risques que l'EFT provoque des effets indésirables sur vous sont pratiquement nuls.
- Par conséquent, n'essayez pas de travailler seule de gros traumatismes avec l'EFT ; ayez plutôt recours à une praticienne EFT certifiée et expérimentée.
- Les « effets secondaires » de l'EFT que vous avez le plus de chances de vivre sont la fatigue, les bâillements et les éructations !

La partie 2, pour terminer...

Lorsqu'on veut construire quelque chose, il faut le faire sur des bases solides. Si vous désirez construire une bonne pratique de l'EFT dans votre vie, pour vous, vos proches et vos clientes, je vous invite fortement à intégrer au maximum tout ce qui se trouve dans cette partie 2.

Suppléments gratuits

Pour vous aider dans l'intégration de la partie 2, je vous offre quatre suppléments gratuits en ligne (voir à la fin du livre « Comment avoir accès aux suppléments gratuits ») :

1. Les bases de l'EFT en une page, un résumé en version PDF de l'essentiel de cette partie 2.
2. Un quiz, non pas pour vous tester, mais comme autre moyen pédagogique d'assimiler la matière. Je vous invite à faire le quiz et même à le refaire jusqu'à ce que vous obteniez 100 %. Une belle façon d'intégrer la matière de cette partie dans le plaisir.
3. Une vidéo - Les points essentiels et les trois façons de faire de l'EFT.
4. La liste des sensations du corps, des émotions et des ressentis (version PDF).

PARTIE 3

L'ANATOMIE D'UNE RONDE EFT

Dans le chapitre 3, je vous ai présenté trois façons de faire de l'EFT :

- en silence ;
- placotons et tapotons ;
- la ronde classique.

Je recommande aux débutantes en EFT d'expérimenter d'abord avec les deux premières méthodes tout en appliquant les concepts de base présentés au chapitre 4. Ce sont les façons les plus simples de mettre l'EFT en pratique. Si vous êtes débutante, vous pouvez vous rendre immédiatement à la partie 4, « L'EFT au quotidien ». Vous pourrez revenir dans le présent chapitre si vous êtes prête à vous lancer dans la troisième façon de faire de l'EFT. Par contre, si vous désirez tout apprendre sur la ronde classique, continuez à lire. Vous serez très bien servie.

***** Elle me montre fièrement ses ongles *****

Une cliente est venue me voir pour sa compulsion à se ronger les ongles. Nous avons fait une séance ensemble et je l'ai laissée avec certaines instructions pour qu'elle puisse continuer le travail par elle-même, avec des rondes classiques. La séance avec moi n'a pas donné de résultats immédiats. Mais, avec mes instructions, elle a continué le *tapping* par elle-même et est finalement parvenue à se débarrasser de sa compulsion à se ronger les ongles. La dernière fois que je l'ai vue, dans le cadre d'une rencontre de *tapping* en groupe, elle a pu me montrer fièrement ses ongles, qui étaient impeccables.

***** La persévérance, un ingrédient important *****

Vous verrez, tout au long de ce livre, que la persévérance est parfois un ingrédient important dans vos succès avec l'EFT. Ici, je veux surtout souligner le fait que le résultat obtenu par cette cliente (*voir ci-dessus*) vient essentiellement du travail qu'elle a fait par elle-même avec des rondes classiques. Toute la partie 3 sur l'anatomie d'une ronde vous permettra de faire la même chose.

J'y résume tout mon savoir et près de 20 ans d'expérience des rondes EFT. Vous y retrouverez aussi certaines informations présentées dans les chapitres précédents. Il y a deux raisons à cela :

1. Dans les chapitres de cette partie, vous entrez dans la mécanique d'une ronde. Vous pourrez ainsi mieux situer mes explications passées dans le contexte de la ronde.
2. La répétition est un allié de taille lorsqu'on apprend de nouvelles choses. Vous vous rappelez le chapitre 4 sur les concepts de base, la section 2, « La question fondamentale des mots » ? J'ai répété cette question fondamentale trois fois en de deux pages. Laissez-moi vous citer une scientifique : « Pour apprendre un élément nouveau, il faut le répéter différentes fois, pour que de nouvelles connexions se créent dans le cerveau. Pour que les processus biochimiques qui permettent les nouvelles connexions se mettent en place. » (Lorie-Marlène Brault Foisy [2019], chercheuse en éducation et professeure à la Faculté des sciences de l'éducation de l'UQAM). Selon cette chercheuse, il faudrait répéter plus de 13 fois !

***** Plusieurs milliers de rondes EFT sous la cravate *****

Comme le diraient certains vieux routiers, j'ai plusieurs milliers de rondes EFT sous la cravate depuis mes débuts professionnels en 2005. Vous allez profiter de cette expérience dans les trois prochains chapitres.

Voici un avant-goût de ce que je vais vous présenter.

Avant la ronde, on examinera :

- les deux objectifs d'une ronde ;
- les deux questions fondamentales à se poser pour préciser la cible EFT ;
- comment déterminer la cible EFT et les bons mots pour la décrire ;
- comment être certaine que vous avez choisi les bons mots ;
- les cinq catégories d'intentions positives ;
- comment mesurer l'intensité ou le degré de véracité de la cible EFT.

Pendant la ronde, on se penchera sur :

- le *tapping* — utiliser des séquences, des phrases longues ou des phrases avec déclencheur ;
- la connexion — l'importance d'adapter les mots à ce qui se passe à l'intérieur de soi ;
- les mots — répéter les mêmes à chaque point ou en changer à chaque point ;
- les émergences.

Après la ronde, on verra :

- la fin d'une ronde ;
- les émergences — ce qu'elles sont et comment s'en servir.

À la fin de la partie 3, la ronde classique structurée n'aura plus de secret pour vous !

CHAPITRE 6

AVANT UNE RONDE

Lorsque j'explique l'EFT à un adolescent, j'utilise l'analogie des jeux vidéo, en particulier les jeux à la première personne (FPS — First Person Shooter). Faire de l'EFT, c'est comme être dans un jeu vidéo où les ennemis à abattre sont vos « pas-bien » dans un monde qui s'appelle « Univers intérieur ». Vous devez donc vous téléporter dans votre « Univers intérieur » et partir à la recherche des « pas-bien » qui s'y trouvent. Vous visez avec précision et vous éliminez le plus de « pas-bien » possible en appuyant sur la gâchette de votre arme, c'est-à-dire en tapotant des points sur votre corps. C'est ainsi que vous gagnez des points de mieux-être. Avec suffisamment de points de mieux-être, votre récompense ultime est une liberté accrue et davantage de possibilités dans le jeu de la vie. Dans ce chapitre, tout comme dans les jeux vidéo, vous apprendrez comment viser juste en cernant vos cibles EFT avec efficacité et précision ! C'est l'essentiel du travail avant une ronde.

Dans mon univers, la ronde débute lorsque l'on commence le tapotement sur le côté de la main et elle finit lorsqu'on termine le tapotement du dernier point sur la tête. Dans ce chapitre, je vous présente tout ce que vous devez faire avant d'amorcer une ronde. Vous avez quatre tâches :

1. Déterminer la cible EFT — ce que vous désirez apaiser ou transformer (obligatoire) ;

2. Déterminer votre intention positive (obligatoire) ;
3. Déterminer votre phrase de rappel à partir de votre cible EFT
4. Mesurer l'intensité (pour les SERMA) ou le degré de véracité (pour les croyances) de votre cible EFT (optionnel).

Parmi ces quatre tâches, les deux premières vont vous permettre, avant d'amorcer une ronde classique, d'accomplir le prérequis : bâtir votre phrase EFT. En fait, il s'agit, dans un premier temps, de mettre des mots sur ce qui se passe à l'intérieur de vous. Et, dans un deuxième temps, de formuler votre choix positif dans la ronde. Ainsi, la ronde a toujours deux objectifs. Le premier objectif correspond à la cible EFT et visera toujours l'apaisement (pour les SERMA, pour les « pas-bien ») ou la transformation (pour les croyances). Le deuxième objectif correspond à l'intention positive. Dans ce chapitre, je vous en présente cinq. À chaque ronde, vous aurez donc à choisir votre cible EFT à apaiser (premier objectif) et l'une des cinq intentions positives possibles (deuxième objectif). En EFT classique, la phrase comporte ainsi deux parties : la cible EFT et l'intention positive.

> Même si [cible EFT], [intention positive].

Par exemple :

> Même si je me sens triste, je m'aime et je m'accepte telle que je suis.

1. Déterminer la cible EFT

La cible EFT comprend essentiellement les mots de la première partie de la phrase qui vont exprimer ce que vous désirez apaiser ou transformer. Les deux questions que beaucoup de débutantes EFT me posent sont :

- François, qu'est-ce que je dois dire dans ma phrase EFT ?
- François, est-ce que je dis les bons mots ?

Après avoir lu le chapitre 4 sur les concepts de base et le présent chapitre sur toutes les actions à considérer avant une ronde, vous ne vous poserez plus jamais ces deux questions. Vous serez une pro de la phrase EFT et totalement autonome avec vos rondes ! Tout comme le chapitre 4 sur les concepts de base, ce chapitre est à lire, à relire, à « re-relire » et à méditer pour qu'il soit totalement intégré.

La matière première des cibles EFT

La matière première qui vous permet de déterminer vos cibles EFT correspond aux cinq éléments que vous avez vus dans le chapitre 4 sur les concepts de base. Je les reprends rapidement ici et je vous explique ensuite comment les utiliser pour bâtir la première partie de la phrase EFT.

1.1 Les « pas-bien » ou SER ;

1.2 Les déclencheurs ;

1.3 Les métaphores ;

1.4 Les actions qu'on aurait aimé faire ;

1.5 Les croyances.

Ces cibles EFT correspondent à la réalité intérieure que vous désirez apaiser ou transformer. Pour énoncer votre cible EFT, le critère le plus important à respecter est de choisir des mots qui vont bien représenter cette réalité intérieure. Les mots choisis doivent sonner vrai pour vous.

1.1. Vos « pas-bien » ou SER (Sensations du corps, Émotions, Ressentis)

Pour les sensations du corps, il y a trois catégories :

- Les sensations qui accompagnent inévitablement les émotions (exemple : boule dans l'estomac) ;
- Les sensations du corps que je classe dans les douleurs et les inconforts physiques (exemple : tiraillement dans la jambe au niveau de la cuisse) ;

- Les sensations témoins ou en résonance avec les racines, les sources profondes de vos problématiques (exemple : serrement au niveau de la tête en résonance avec votre naissance).

Voici d'autres exemples : serrement à la gorge, difficulté à respirer, mains moites, douleur à l'épaule, pincements dans le bas du dos.

Ainsi, vos cibles EFT peuvent être énoncées comme suit :

- Même si j'ai un serrement à la gorge…
- Même si j'ai une douleur dans le bas du dos…
- Même si ça tire dans le bas de mon dos à gauche lorsque je me lève… (encore plus précis !)

Pour ce qui est des émotions, vous utiliserez comme cible surtout les quatre suivantes ainsi que leurs variations :

- la peur (je suis effrayée, terrorisée, paniquée, inquiète…) ;
- la tristesse (je suis mélancolique, chagrinée, peinée…) ;
- la colère (je suis irritée, enragée…) ;
- le dégoût (je suis écœurée, ça me répugne…).

Vous pouvez donc énoncer vos cibles EFT de la façon suivante :

- Même si j'ai peur…
- Même si je me sens triste…
- Même si je me sens irritée…
- Même si ça m'écœure…

Finalement, voici quelques exemples de début de phrase EFT avec les ressentis :

- Même si j'ai honte…
- Même si je me sens coupable…
- Même si je me sens impuissante…

1.2. Les déclencheurs

Les déclencheurs peuvent également être ajoutés dans vos cibles EFT. En règle générale, ils ne s'y trouvent jamais seuls. C'est une bonne pratique de toujours les joindre à vos SER. Il y a sept types de déclencheurs :

- ce que vous voyez (exemple : un enfant qui se fait frapper à bicyclette devant votre demeure) ;
- ce que vous entendez (exemple : le ton, les mots et l'intensité de votre père qui vous réprimande) ;
- ce qu'on vous fait (exemple : la claque dans la figure que votre conjointe vous donne) ;
- ce que vous sentez (exemple : l'encens d'église qui vous rappelle une séance d'exorcisme que votre mère vous a imposée auprès du curé) ;
- ce que vous goûtez (exemple : la cannelle que vous ne supportez pas) ;
- vos pensées (exemple : vous pensez à votre mère décédée) ;
- le temps, le moment de la journée, le jour de la semaine, le début d'une saison, etc. (exemple : tous les matins, du lundi au vendredi, au lever, sans raison, vous avez envie de pleurer).

Ainsi, la première partie de vos phrases EFT peut prendre la forme suivante :

- Même si j'ai peur que cette couleuvre (ou ce serpent) vienne s'enrouler autour de ma jambe… (émotion + déclencheur visuel et kinesthésique) ;
- Même si j'ai honte quand il me dit que je suis une bonne à rien… (ressenti + déclencheur auditif) ;
- Même si une colère monte quand il me prend le bras avec force… (émotion + déclencheur kinesthésique) ;
- Même si je me sens triste aussitôt que je pense à mon mari décédé… (émotion + déclencheur pensée) ;

- Même si je me sens déprimée tous les matins de la semaine lorsque je me lève… (ressenti + déclencheur temporel).

1.3. Les métaphores

Les métaphores peuvent devenir des mots puissants qui favorisent la connexion avec la réalité intérieure. Et vous, qu'est-ce qui vous connecte le plus avec ce qui se passe en vous :

- Dire « Je suis en colère » ou dire « Je me sens comme un volcan qui veut exploser » ?
- Dire « Je me sens trahie » ou dire « Je me sens comme si j'avais reçu un coup de couteau dans le dos » ?
- Dire « Je suis triste » ou dire « Ça me brise le cœur » ?

Dans la plupart des cas, il s'agit tout simplement de commencer la phrase EFT avec « Même si je me sens comme… » et de compléter avec une image, avec une métaphore, qui illustre comment vous vous sentez !

Vous pouvez ajouter le déclencheur qui génère la métaphore si cela favorise une meilleure connexion avec ce que vous désirez apaiser. Personnellement, j'ai tendance à ne pas mettre de déclencheur lorsque ma cible EFT est une métaphore. J'essaie de construire des phrases les plus précises, mais aussi les plus courtes possibles.

1.4. Les actions qu'on aurait aimé faire

Les actions qu'on aurait aimé faire sont une autre façon d'exprimer comment on se sent. On évolue dans un environnement « civilisé ». Dans nos interactions avec les autres, il peut y avoir beaucoup de retenue. Et c'est OK. En EFT, par contre, il n'y a pas de tabou, on n'a pas à se retenir. Quand on exprime ce qu'on aurait aimé faire, tout comme quand on utilise des métaphores, on peut se servir de mots puissants qui favorisent la connexion avec la réalité intérieure. Et vous, qu'est-ce qui vous connecte le plus avec ce qui se passe en vous :

- dire « Je suis en colère » ou dire « J'aurais aimé lui mettre mon poing dans la face » ?
- dire « J'ai honte » ou dire « J'aurais aimé disparaitre sous le tapis » ?
- dire « Je me sens frustrée » ou dire « J'aurais aimé lui botter le derrière pour le réveiller » ?

Dans la plupart des cas, il s'agit tout simplement de commencer la phrase EFT avec « Même si j'aurais aimé… » et de compléter avec une action que vous auriez aimé faire et qui illustre bien comment vous vous sentez.

Vous pouvez ajouter le déclencheur qui accompagne l'action que vous auriez aimé faire si cela favorise une meilleure connexion avec ce que vous désirez apaiser. Personnellement, j'ai tendance à ne pas mettre de déclencheur lorsque ma cible EFT est une action que j'aurais aimé faire. Comme je vous l'ai déjà mentionné, j'essaie de construire des phrases EFT les plus précises, mais aussi les plus courtes possibles.

J'utilise l'acronyme SERMA pour identifier tout ce qu'on peut utiliser pour exprimer comment on se sent : S pour Sensations du corps, E pour Émotions, R pour Ressentis, M pour Métaphores et A pour Actions qu'on aurait aimé faire.

1.5. Les croyances

Les croyances représentent le cinquième élément de mon terrain de jeux EFT. C'est le cinquième ingrédient qu'on peut insérer dans la machine EFT pour produire le jus libérateur (*voir le chapitre 1, L'analogie de l'extracteur de jus, page 35*). Le travail sur les croyances pourrait faire l'objet d'un ou même de plusieurs chapitres.

Résumons en mentionnant que vos croyances représentent ce qui est vrai pour vous et ce qui est possible pour vous. On pourrait classifier les croyances en trois catégories qui permettent d'évaluer leur rôle dans votre capacité à matérialiser ce que vous désirez :

Les croyances neutres n'ont pas vraiment de rôle à jouer dans la matérialisation de ce que vous désirez. Par exemple :

- Je crois que s'il fait gris, les chances qu'il pleuve sont grandes.
- Je crois que, en général, les chats perdent leurs poils.
- Je crois que tous les chiens aboient.

Les croyances positives, que j'aime aussi appeler croyances « propulsantes » ou croyances ressources, favorisent la matérialisation de ce que vous désirez. Par exemple :

- Je pense que je suis capable d'écrire un livre qui se vendra.
- Je crois que même quand on est vieille, on peut essayer quelque chose de nouveau et avoir du succès.
- Je pense que c'est possible de faire de l'argent et d'obtenir du succès financièrement, quelles que soient nos expériences passées.
- Je crois que j'ai des qualités qui me permettent d'attirer un homme intéressant dans ma vie.

Finalement, les croyances limitantes sont celles qui peuvent être utilisées comme cible EFT. Elles sont parfois cachées à notre conscience. Ce sont les croyances qui vous empêchent d'accomplir et de matérialiser ce que vous désirez. Par exemple :

- Cela fait deux livres que j'écris et que je n'ai pas publiés. Jamais deux sans trois. Je crois que jamais je ne réussirai à publier un livre que j'ai écrit ;
- Je crois que je suis trop vieille pour essayer quelque chose de nouveau et avoir du succès ;
- Je n'ai jamais d'argent. Je ne vois pas comment cela pourrait changer ;
- Je crois que je ne suis pas assez belle pour attirer un homme intéressant dans ma vie.

Dans un éventuel prochain livre, je vous présenterai, avec plus de détails, comment débusquer les croyances limitantes et les tapoter pour les transformer.

Les questions à poser pour trouver ses cibles EFT

Voici les questions que vous pouvez vous poser pour déterminer vos cibles EFT. Ce sont ces mêmes questions qui peuvent vous guider quand vous voulez exprimer ce qui se passe en vous lors d'une séance « placotons et tapotons » (*voir la section « Trois façons d'utiliser les neuf points » du chapitre 3, page 98*).

La question essentielle nº 1 est :

- Comment est-ce que je me sens ? Ou
- Qu'est-ce que cela me fait vivre ?

Les réponses possibles à cette question sont :

- Les SERMA :
    - les SER (Sensations du corps, Émotions, Ressentis) ;
    - les Métaphores qui expriment comment vous vous sentez ;
    - les Actions que vous auriez aimé faire.

La question essentielle nº 2 est :

- Qu'est-ce qui me dérange ?

Les réponses possibles à cette question sont :

- Les déclencheurs qui accompagnent inévitablement vos SERMA.

Pour vérifier si vous dites les bons mots, posez-vous les questions suivantes :

- Est-ce que les mots de ma cible EFT représentent bien, avec précision, la réalité intérieure que je veux apaiser ?
- Est-ce que ces mots expriment :

- un SER ?
- un SER + un déclencheur ?
- une métaphore ?
- une action que j'aurais aimé faire ?
- quelque chose que je crois ?

En ce qui concerne les croyances, il y a plusieurs façons de les repérer. Je vous donne la plus simple. Cette question c'est « Pourquoi » :

- Pourquoi, selon moi, j'ai ce problème ?
- Pourquoi, selon moi, je me sens de cette façon ?
- Pourquoi, selon moi, j'attire ce genre de situation ?

Par contre, ces variations sont préférables :

- Qu'est-ce qui fait que, selon moi... ?
- Comment ça se fait que, selon moi... ?

Par exemple :

- Qu'est-ce qui fait que, selon moi, j'ai ce problème ?
- Qu'est-ce qui fait que, selon moi, je me sens de cette façon ?
- Qu'est-ce qui fait que, selon moi, j'attire ce genre de situation ?

La réponse à ces questions débutera par « Je pense que... » ou « Je crois que... », et elle pourra être directement placée comme cible EFT :

- Même si je crois que...
- Même si je pense que...

Le temps des verbes de la cible EFT

Voici mon opinion sur le temps des verbes à utiliser dans vos phrases EFT. Sur le plan biologique, le cerveau ne fonctionne qu'au présent. Sa seule préoccupation est votre survie ici et maintenant. Il analyse en temps réel tous les paramètres de votre réalité et il réagit en conséquence. Il n'y a pas de jugement ici. La réaction du cerveau sera « justifiée » ou « non justifiée » sur le plan de la conscience. Cependant, du point de vue de son fonctionnement profond, cela sera toujours justifié. Si vous paniquez devant un lion dans la savane africaine, cela est totalement justifié. Mais si vous paniquez devant une petite araignée de maison à Montréal, cela est beaucoup moins justifié sur le plan de la conscience. Par contre, du point de vue du cerveau primitif, dans sa perspective, cela est totalement justifié même si, on en convient, la réaction n'est pas adaptée à la situation réelle. Le cerveau ne fonctionne qu'au présent pour assurer votre survie. C'est la première raison pour laquelle j'aime bien faire mes phrases EFT au présent.

***** Tout se passe ici et maintenant *****

Sur les plans spirituel et quantique, il semblerait que le temps n'existe pas. C'est une illusion 3D. Tout se passe ici et maintenant (*in the now*, comme on dirait en anglais). C'est un peu difficile à comprendre, mais pour moi, c'est la deuxième raison pour laquelle je mets mes phrases EFT le plus possible au présent.

La troisième raison pour utiliser le présent est le fait que, dans un contexte EFT, la mémoire de nos événements est dynamique. Tapoter un souvenir, inévitablement, entraînera une modification de ce souvenir, et surtout de la charge émotionnelle qui l'accompagne. Lorsque je travaille un événement du passé, je le travaille en temps réel. C'est comme si le souvenir était devant moi et faisait partie de mon présent. Je m'amuse avec, comme si cette mémoire était de la pâte à modeler. Cette pâte à modeler a été fabriquée dans le passé. Par contre, le souvenir fait partie de mon présent pendant que je le manipule. Je travaille avec les souvenirs du passé comme si c'étaient des objets que je ramène dans le moment présent, en temps réel. Je manipule les souvenirs, au présent, comme des morceaux de pâte à modeler, et je les transforme. Ensuite, je les replace dans ma bibliothèque de souvenirs, mais ils sont transformés.

***** Privilégier le présent *****

Donc, lorsque j'accompagne quelqu'un, je pose toujours mes questions au présent. Par exemple, pour un événement du passé qui aurait eu lieu il y a 20 ans ou même hier, je pose ces questions : « Qu'est-ce qui te dérange à ce moment-là ? Et comment te sens-tu à ce moment-là ? » La personne me répond inévitablement au présent et nous accomplissons notre ronde au présent.

Le plus important en EFT, c'est la connexion avec ce que vous désirez apaiser. Si cela n'a vraiment pas de sens de dire les phrases au présent, eh bien, dites-les au passé. Ce n'est pas la fin du monde. Tout ce que vous pouvez faire pour favoriser la connexion avec ce que vous désirez apaiser, vous le faites. C'est la priorité pour assurer le succès de vos rondes EFT. Régulièrement, dans l'enseignement de ma formation niveau 1, je demande à mes étudiantes : « Quel est le plus important en EFT ? » À la fin de la formation, elles me répondent toutes en chœur « C'est la connexion ! » C'est tellement important et sous-estimé en EFT que, pendant mon enseignement, je ne rate aucune occasion de la glisser, celle-là. C'est une des deux composantes essentielles de l'EFT.

2. Déterminer votre intention positive

Dans cette section, on examinera plus en détail la deuxième partie de la phrase EFT. La première partie représente la cible EFT. L'objectif pour cette première partie est de déterminer ce que vous désirez apaiser (SERMA) ou ce que vous désirez transformer (croyances). La deuxième partie correspond à l'intention positive. Je vous présente cinq types d'intentions positives, donc cinq objectifs possibles rattachés à cette deuxième partie de la phrase EFT :

2,1 mettre de l'amour, de la bienveillance et de l'acceptation dans tout cela ;

2,2 exprimer ce qu'on désire, par opposition à ce qu'on ne veut plus (la cible EFT) ;

2,3 exprimer ce qu'on veut faire avec la cible EFT ;

2,4 poser une question à l'intelligence du corps, à la partie de soi qui sait tout ;

2,5 s'ouvrir à la transformation de ses croyances limitantes.

Un des critères premiers à considérer pour la cible EFT est la véracité. La cible doit « sonner vrai » pour vous. Pour l'intention positive, j'utilise deux critères :

- L'intention positive doit avoir du sens pour vous. Elle doit être logique et réaliste.
- L'intention positive ne doit pas déclencher de « pas-biens » désagréables en vous. Elle doit générer un état d'esprit neutre ou positif. Pour certaines personnes, dire « Je m'aime et je m'accepte telle que je suis », ça ne passe pas bien. Je transforme alors la phrase : « Je m'aime et je m'accepte de plus en plus ».

2.1. Mettre de l'amour, de la bienveillance, de l'acceptation

Traditionnellement, le deuxième objectif d'une ronde, c'est de mettre de l'amour et de l'acceptation dans ce qu'on travaille. Voici des exemples. Toute autre variation est la bienvenue :

- Même si [cible EFT], je m'aime et je m'accepte telle que je suis.
- Même si [cible EFT], je m'aime et je m'accepte de plus en plus.
- Même si [cible EFT], j'accueille tout cela dans la bienveillance.
- Même si [cible EFT], je m'aime et je m'accepte totalement et profondément
- Même si [cible EFT], c'est OK, c'est correct de se sentir comme ça.

2.2. Exprimer ce qu'on désire par opposition à ce qu'on ne veut plus

Au lieu d'associer de l'amour, de la bienveillance et de l'acceptation à votre cible EFT, vous pouvez choisir, comme deuxième objectif de votre ronde, d'exprimer de façon personnalisée ce que vous aimeriez installer pour remplacer votre « pas-bien ». Par exemple, plutôt que d'avoir peur, vous aimeriez peut-être avoir du courage, de la solidité, de la confiance. Un des formats les plus populaires correspond à la méthode des choix de la Dre Patricia Carrington, une des pionnières de l'EFT :

- Même si j'ai peur, je choisis de faire grandir en moi la force, la confiance et le courage.
- Même si je me sens triste, je choisis de lâcher prise et d'accepter ce que je ne peux pas changer.

Il existe plusieurs formules pour exprimer comment vous pourriez transformer vos « pas-bien ». En voici deux que j'aime bien, l'installation dans chacune des cellules et la connexion avec le positif :

- Même si j'ai peur, j'installe dans chacune de mes cellules la force et le courage.
- Même si j'ai peur, je me connecte de plus en plus à la force et au courage.
- Même si je me sens triste, j'installe le lâcher-prise dans chacune de mes cellules, quoi qu'il arrive.
- Même si je me sens triste, je me connecte de plus en plus au lâcher-prise, quoi qu'il arrive.

Ainsi, le deuxième objectif possible de l'intention positive consiste à utiliser le pouvoir de l'intention pour exprimer ce qu'on aimerait installer en nous pour remplacer nos « pas-bien ». Personnellement, dans une séance EFT, plus on s'approche de la fin de la séance, plus j'aime utiliser cet objectif comme deuxième partie de la phrase EFT.

2.3. Ce qu'on veut faire avec la cible EFT — Le pouvoir de l'intention

Explorons la troisième catégorie d'intentions positives. Ainsi, comme deuxième objectif de votre ronde, vous pouvez décider d'exprimer ce que vous désirez faire avec la cible EFT. Il faut se rappeler qu'on s'occupe de la cible avec le *tapping*, cela pour l'apaiser. Mais pourquoi ne pas essayer d'améliorer cet apaisement en donnant un effet turbo au *tapping*. Cela se fait en exprimant ce qu'on veut faire avec la cible EFT ? Voici ma formule préférée avec deux exemples :

- Même si j'ai peur, je commande à toutes les cellules de mon corps, à tous mes corps énergétiques de traiter, de nettoyer, de libérer tous les stress, mémoires, souffrances que je porte associés à cette peur. Nettoyage complet et définitif jusqu'à la source première.
- Même si j'ai une boule à l'estomac et un serrement au plexus, je commande à toutes les cellules de mon corps, à tous mes corps énergétiques de traiter, de nettoyer, de libérer tous les stress, mémoires, souffrances que je porte associés à ces sensations. Nettoyage complet et définitif jusqu'à la source première.

Toute autre formule de nettoyage que vous pouvez imaginer et qui a du sens pour vous est la bienvenue :

- Même si j'ai peur, je demande la guérison pour toutes les peurs que je porte en moi.
- Même si j'ai peur, je transforme, je transmute, je libère toutes ces peurs avec amour et lumière.

Bref, vous avez sûrement compris le principe. Il s'agit d'utiliser le pouvoir de l'intention et d'exprimer ce que vous désirez faire avec vos « pas-bien ». Il est possible d'aller encore plus loin et d'utiliser la visualisation pour traiter ses « pas-bien ». Par exemple, on peut imaginer ses peurs comme une grosse boule rouge ou noire et voir une lumière blanche qui vient désintégrer cette boule. Voilà donc le troisième type d'intention positive : on utilise le pouvoir de l'intention pour exprimer ce qu'on veut faire avec la cible EFT.

2.4. Poser une question à l'intelligence du corps

Dans le cadre de ce livre, je vous suggère de poser une question à l'intelligence du corps, à la partie de soi qui sait tout. Cette façon de faire est particulièrement utile lorsque vous faites face à des émergences qui semblent ne pas avoir de sens et que vous aimeriez en savoir un peu plus. La formulation de la phrase sera aussi simple que ceci :

- Même si j'ai vu le mot canard et une branche d'arbre, et que je ne sais pas pourquoi, je demande à l'intelligence de mon corps, à la partie de moi qui sait tout, plus d'information.

Dans ma pratique, je suis curieux. J'ai tendance à poser ces questions à l'intérieur d'une ronde aussitôt qu'une émergence qui semble ne pas avoir de sens se présente. Par contre, je ne fais pas plus de trois rondes avec ce type d'émergences. Ce fut le cas de cette cliente qui a vu le mot canard et une branche d'arbre à la première ronde. À la deuxième ronde, il y avait la tête de son père et, à la troisième ronde, il y avait de la boue (*voir la page 128, la section « Le canard » pour l'histoire complète*). Si la partie de nous qui sait tout ne veut pas en dévoiler davantage après trois rondes, j'ai tendance à laisser tomber.

2.5. Transformer ses croyances limitantes

Dans la deuxième partie de la phrase EFT, si la cible est une croyance, il est plus approprié d'utiliser une phrase qui favorisera la transformation de cette croyance limitante en croyance ressource. On peut employer des phrases telles que les suivantes :

- Même si je crois que…, je m'ouvre à la possibilité de transformer cette croyance.
- Même si je pense que… je crois de plus en plus à [mettre ici la croyance inverse, la croyance ressource].

Par exemple :

- Même si je crois que l'argent amène les gens à devenir de mauvaises personnes, maintenant je crois de plus en plus que l'argent va me permettre d'exprimer la meilleure version de qui je suis et d'être davantage au service des autres.

3. La phrase de rappel

Avec la cible EFT et l'intention positive, vous avez tout ce qu'il vous faut pour construire votre phrase EFT. En tapotant le point sur le côté de la main, vous prononcez les deux parties de la phrase : la cible EFT et l'intention positive.

La phrase de rappel comprend les mots qui sont associés à la cible EFT et qui se répéteront pour la majorité des points suivants. Pour bâtir votre phrase de rappel, vous devez enlever le « Même si » et l'intention positive.

- Pour « Même si j'ai honte quand il me dit que je suis une bonne à rien, je m'aime et je m'accepte telle que je suis. »
    - La phrase de rappel pourrait être : « Il me dit que je suis une bonne à rien, j'ai honte. »
    - La phrase de rappel simplifiée pourrait être : « J'ai honte. »
- Pour « Même si j'ai une douleur dans le bas du dos, je m'aime et je m'accepte telle que je suis. »
    - La phrase de rappel sera : « J'ai une douleur dans le bas du dos. »
- Pour « Même si je me sens triste, je m'aime et je m'accepte telle que je suis. »
    - La phrase de rappel sera : « Je me sens triste. »

4. Mesurer l'intensité des SERMA ou le degré de véracité des croyances

La troisième tâche à accomplir avant la ronde est optionnelle, mais, dans certains cas, elle est très pertinente. Il s'agit en fait de mesurer l'intensité de vos « pas-bien » ou le degré de véracité de vos croyances. Pour les SERMA, j'utilise une échelle entre 0 et 10, 0 étant l'intensité nulle et 10 étant l'intensité maximale. Pour les croyances, je me sers de la même échelle, 0 étant « la croyance est totalement fausse » et 10 étant

« la croyance est totalement vraie ». Mesurer l'intensité des SERMA permet de suivre la progression de l'apaisement des « pas-bien ». Par ailleurs, mesurer la véracité des croyances permet de suivre la progression de l'affaiblissement de ces croyances.

Dans ma pratique, je mesure surtout l'intensité des sensations du corps. Je mesure l'intensité des émotions et des ressentis lorsqu'ils sont faibles (estimés à 6 ou moins sur 10, selon ma perception). Évaluer l'intensité d'une émotion alors qu'il est évident qu'elle est à 8 ou plus ne sert à rien. En fait, demander à une cliente d'évaluer l'intensité d'une émotion forte risque d'entraîner une déconnexion d'avec sa réalité intérieure. Pour les sensations du corps, l'inverse semble se produire. Demander l'intensité d'une sensation physique semble favoriser la connexion avec cette sensation.

Conclusion — Avant la ronde

Vous avez maintenant tout ce qu'il faut pour bâtir des phrases EFT efficaces. Si vous ajoutez de la précision dans tout cela (avec votre loupe), vous deviendrez une pro de la ronde classique très rapidement. Résumons ce chapitre :

- Le premier objectif d'une ronde consiste à décrire et à apaiser vos « pas-bien », ou à exprimer et à transformer vos croyances. Vous devez les décrire ou les exprimer avec précision. Ces « pas-bien » et ces croyances constituent vos cibles EFT. En règle générale, j'aime bien traiter une cible par ronde.
- L'intensité de vos « pas-bien » et de vos SERMA peut être mesurée, de même que la véracité de vos croyances.
- Le deuxième objectif d'une ronde consiste à choisir l'une des cinq intentions positives suivantes, selon votre inspiration ou votre plan de match :
    - mettre de l'amour, de la bienveillance et de l'acceptation dans tout cela ;

- exprimer ce qu'on désire par opposition à nos « pas-bien » ;
- dire ce qu'on veut faire avec la cible EFT en utilisant le pouvoir de l'intention ;
- poser une question à l'intelligence du corps, à la partie de soi qui sait tout, pour voir ce qui se cache derrière une émergence qui semble ne pas avoir de sens ;
- s'ouvrir à la possibilité de transformer ses croyances limitantes.

- Le résultat ? Une phrase EFT qui respecte le format suivant :
    - Même si [cible EFT], [intention positive].
- Avec une phrase de rappel comme la suivante :
    - [La cible EFT seulement, complète ou simplifiée.]

Vous êtes maintenant prête à commencer votre ronde. Par contre, si vous pensez que, pendant votre ronde, vous n'avez qu'à vous connecter, à dire vos phrases et à tapoter, détrompez-vous ! Il y a beaucoup d'autres détails à considérer pendant une ronde. Pour les découvrir, rendez-vous dans le chapitre suivant.

CHAPITRE 7

PENDANT UNE RONDE

Une ronde EFT ne s'effectue pas nécessairement dans la stabilité, sans surprise. Toutes sortes de choses peuvent se produire pendant une ronde. Dans ce chapitre, je vous partage tout le fruit de mon expérience, ce qui vous permettra de naviguer allègrement à travers vos rondes.

Tandis que j'écrivais ces lignes, j'ai repensé à ce qu'une praticienne EFT m'avait raconté une semaine auparavant. La praticienne discutait avec sa cliente pour préparer la prochaine ronde. Elles étaient en train de nettoyer les charges émotionnelles associées à un événement du passé. La scène travaillée se passait dans la petite enfance de la cliente. Celle-ci marchait vers le dépanneur (l'épicerie du coin), tout juste après avoir vécu une agression. En discutant pour préparer la prochaine ronde EFT, tout d'un coup, la cliente a éclaté en sanglots. La praticienne a alors laissé tomber la phrase EFT en cours et l'a invitée à tapoter en silence, jusqu'à l'apaisement. À la suite de la ronde, la cliente a raconté qu'elle en voulait à son agresseur de l'avoir agressée. Elles sont donc immédiatement reparties pour une nouvelle ronde avec ce ressenti.

Avec une autre cliente, une praticienne EFT fait une ronde avec l'intention positive « Même si…, j'ai confiance en la vie ». C'est une séquence où la cliente alterne entre la cible EFT et l'intention positive, d'un point à l'autre. Et, tout d'un coup, la cliente dit : « Je veux ajouter :

confiance en moi ». Pour la suite de la ronde, l'intention positive devient alors « J'ai confiance en la vie et en moi ».

Ces deux exemples illustrent l'importance d'être au service de la connexion, en temps réel, lors d'une ronde EFT. Ils démontrent également l'importance de ce qui peut émerger durant la ronde.

Avec ces exemples, on vient de voir les trois éléments à considérer pendant une ronde EFT :

- le *tapping* (la première des deux composantes essentielles) ;
- la connexion avec son univers intérieur (la deuxième composante essentielle) ;
- les émergences.

Dans le chapitre 6, je vous ai partagé en détail les quatre tâches qu'on doit effectuer avant une ronde classique (*voir les page 149, 150*). Ces quatre tâches vous permettent de créer votre phrase EFT et votre phrase de rappel ainsi que d'évaluer les « pas-bien » à apaiser. Vous êtes donc prête pour commencer votre ronde. Débutons par le *tapping*.

1. Le *tapping*

Dans la section sur les points (*voir les pages 94 et 95*), je vous ai présenté trois séquences possibles :

- séquence n° 1 — tous les points : **C**ôté de la **M**ain (CM), **D**ébut du **S**ourcil (DS), **C**ôté de l'**Œ**il (CO), Sous l'**Œ**il (SO), **S**ous le **N**ez (SN), **S**ous la **Bo**uche (SBo), **S**ous la **C**lavicule (SC), **S**ous le **Br**as (SBr), **S**ur la **T**ête (ST) ;
- séquence n° 2 — tous les points sauf le dernier : CM, DS, CO, SO, SN, SBo, SC, SBr ;
- séquence n° 3 — tous les points sauf le premier et le dernier : DS, CO, SO, SN, SBo, SC, SBr.

La ronde classique à une seule séquence — Le format de base

Le format de base que j'utilise dans une ronde est le suivant :

- phrase EFT : Même si... [cible EFT], [intention positive] ;
- phrase de rappel : [cible EFT] ;
- séquence n° 1 :
    - CM — Même si... [cible EFT], [intention positive],
    - DS — [cible EFT],
    - CO — [cible EFT],
    - SO — [cible EFT],
    - SN — [cible EFT],
    - SBo — [cible EFT],
    - SC — [cible EFT],
    - SBr — [cible EFT],
    - ST — [intention positive].

Voici un exemple avec la phrase EFT : « Même si j'ai honte (SER) d'avoir fait des petits vols à l'étalage quand j'étais plus jeune (déclencheur pensée, en y pensant...), j'accueille tout cela avec bienveillance ».

Nous aurons la ronde suivante :

- CM — « Même si j'ai honte d'avoir fait des petits vols à l'étalage quand j'étais plus jeune, j'accueille tout cela avec bienveillance » (dire une, deux ou trois fois) ;
- DS — « J'ai honte d'avoir fait des petits vols à l'étalage quand j'étais plus jeune » ;
- CO — « J'ai honte d'avoir fait des petits vols à l'étalage quand j'étais plus jeune » ;
- SO — « J'ai honte d'avoir fait des petits vols à l'étalage quand j'étais plus jeune » ;

- SN — « J'ai honte d'avoir fait des petits vols à l'étalage quand j'étais plus jeune » ;
- SBo — « J'ai honte d'avoir fait des petits vols à l'étalage quand j'étais plus jeune » ;
- SC — « J'ai honte d'avoir fait des petits vols à l'étalage quand j'étais plus jeune » ;
- SBr — « J'ai honte d'avoir fait des petits vols à l'étalage quand j'étais plus jeune » ;
- ST — « J'accueille tout cela avec bienveillance ».

Ainsi, l'approche classique consiste à dire la phrase complète une à trois fois en tapotant le point du côté de la main. Pour le reste des points qui seront tapotés, on dira une phrase de rappel qui correspond à la cible EFT. Dans mon cas, je termine la ronde sur la tête avec l'intention positive. De nombreuses praticiennes EFT terminent la ronde avec la phrase de rappel. Pour la plupart des rondes, je travaille avec la séquence n° 1 (tous les points).

Je vous invite à réviser le chapitre 3 sur les points à tapoter (*page 83*). Voici rapidement les éléments principaux :

- On ne tapote pas trop fort, de 5 à 10 fois sur chaque point.
- Traditionnellement, on tapote de haut en bas, mais l'ordre n'a pas d'importance.
- Si un point vous fait du bien, vous pouvez rester sur le point plus longtemps.
- Si un point augmente l'intensité de votre « pas-bien », vous pouvez rester sur le point un certain temps ou refaire une boucle et vérifier l'intensité à ce point après avoir tapoté les autres points au moins une fois.
- Sur la tête, je ne tapote pas. J'effectue plutôt un « effet piano », un « effet de pluie » avec quatre doigts.

La ronde classique à une seule séquence — Deux variantes

Plus j'approche de la fin d'une séance avec une cliente, plus je donne de l'importance au positif dans mes rondes EFT. Pour ce faire, on peut choisir une intention positive personnalisée où l'on exprime un SER que la personne aimerait installer en elle, par opposition aux cibles EFT tapotées auparavant. Par exemple, par opposition à des « pas-bien » de lourdeur, on pourrait utiliser comme intention positive personnalisée : « Même si je me sens lourde, je fais de plus en plus de place dans ma vie au plaisir et à la légèreté ». Ainsi, avec le format de base décrit précédemment, je termine la ronde en tapotant sur la tête et en disant « Je fais de plus en plus de place dans ma vie au plaisir et à la légèreté ».

La première variante introduit une alternance entre la cible EFT et l'intention positive qui prendra la forme suivante :

- phrase EFT : Même si… [cible EFT], [intention positive] ;
- phrase de rappel : [cible EFT] et [intention positive] en alternance ;
- séquence n° 1 :
    - CM — Même si… [cible EFT], [intention positive],
    - DS — [cible EFT],
    - CO — [intention positive],
    - SO — [cible EFT],
    - SN — [intention positive],
    - SBo — [cible EFT],
    - SC — [intention positive],
    - SBr — [cible EFT],
    - ST — [intention positive].

Voici un exemple avec la phrase EFT : « Même si c'est lourd cette décision que j'ai prise à 10 ans de m'occuper de ma mère, maintenant je fais de plus en plus de place au plaisir et à la légèreté dans ma vie ».

Nous aurons la ronde suivante :

- CM — « Même si c'est lourd cette décision que j'ai prise à 10 ans de m'occuper de ma mère, je fais de plus en plus de place au plaisir et à la légèreté dans ma vie » (dire une, deux ou trois fois) ;
- DS — « C'est lourd cette décision que j'ai prise à 10 ans » ;
- CO — « Je fais de plus en plus de place au plaisir dans ma vie » ;
- SO — « C'est lourd cette décision que j'ai prise à 10 ans » ;
- SN — « Je fais de plus en plus de place à la légèreté dans ma vie » ;
- SBo — « C'est lourd cette décision que j'ai prise à 10 ans » ;
- SC — « Je fais de plus en plus de place au plaisir dans ma vie » ;
- SBr — « C'est lourd cette décision que j'ai prise à 10 ans » ;
- ST — « Je fais de plus en plus de place à la légèreté dans ma vie ».

Pour ce qui est de la deuxième variante, je l'utilise surtout complètement à la fin d'une séance EFT. Il s'agit tout simplement de faire une ronde totalement positive, ce qui donne le format suivant :

- phrase EFT : [intention positive] ;
- phrase de rappel : [intention positive] ;
- séquence n° 1 :
    - CM — [intention positive],
    - DS — [intention positive],
    - CO — [intention positive],
    - SO — [intention positive],
    - SN — [intention positive],
    - SBo — [intention positive],
    - SC — [intention positive],
    - SBr — [intention positive],

- ST — [intention positive].

Voici un exemple avec la phrase EFT : « Dans chacune de mes cellules, j'installe la confiance en moi. Cette confiance fait de plus en plus partie de qui je suis ».

On aura la ronde suivante :

- CM — « Dans chacune de mes cellules, j'installe la confiance en moi. Cette confiance fait de plus en plus partie de qui je suis » (dire d'une à trois fois) ;
- DS — « Dans chacune de mes cellules, j'installe la confiance en moi » ;
- CO — « Cette confiance fait de plus en plus partie de qui je suis » ;
- SO — « Dans chacune de mes cellules, j'installe la confiance en moi » ;
- SN — « Cette confiance fait de plus en plus partie de qui je suis » ;
- SBo — « Dans chacune de mes cellules, j'installe la confiance en moi » ;
- SC — « Cette confiance fait de plus en plus partie de qui je suis » ;
- SBr — « Dans chacune de mes cellules, j'installe la confiance en moi » ;
- ST — « Cette confiance fait de plus en plus partie de qui je suis ».

L'utilisation de boucles dans le cas de grande intensité émotionnelle

Si l'intensité est très forte, une seule séquence n'est pas suffisante pour générer un apaisement satisfaisant. J'ajoute alors des boucles à la ronde. Le format utilisé sera le suivant :

- phrase EFT : Même si [cible EFT], [intention positive] ;

- phrase de rappel : [cible EFT] ;
- séquences n°s 2 et 3 :
    - CM — Même si [cible EFT], [intention positive],
    - DS — [cible EFT],
    - CO — [cible EFT],
    - SO — [cible EFT],
    - SN — [cible EFT],
    - SBo — [cible EFT],
    - SC — [cible EFT],
    - SBr — [cible EFT] ;
    - répéter la séquence nº 3 au besoin, autant de fois qu'il est nécessaire, en silence ou en disant la cible EFT à chaque point (DS, CO, SO, SN, SBo, SC, SBr) ;
    - lorsque l'apaisement est évident : ST — [intention positive].

Voici un exemple :

- CM — « Même si j'ai honte d'avoir fait des petits vols quand j'étais jeune, j'accueille tout cela dans la bienveillance » (dire trois fois).
- Séquence nº 2 — Début des sourcils (DS) jusqu'au point sous le bras (SBr) — « J'ai honte d'avoir fait des petits vols dans ma vie de jeune adulte » (ou le dire en silence si l'intensité est trop forte).
- Quand la personne est rendue sous le bras (SBr), j'évalue l'intensité du « pas-bien ».
- Si l'intensité est forte, je fais une boucle avec la séquence nº 3, en partant du début des sourcils (DS) jusqu'au point sous le bras (SBr). Puis j'évalue de nouveau quand la personne est rendue au point sous le bras (SBr). Je fais autant de boucles avec la séquence nº 3 qu'il est nécessaire, jusqu'à l'apaisement.

- Si l'intensité est faible à la fin d'une boucle, je termine par le point sur la tête (ST) avec l'intention positive.

J'insiste sur le fait que, la plupart du temps, puisque la boucle est utilisée pour les perturbations fortes, la personne n'est pas nécessairement en mesure de parler. Les boucles et même le dernier point de la ronde sur la tête (ST) se font, la plupart du temps, en silence.

Certaines me demandent s'il est bénéfique de dire les mots dans notre tête lorsque nous ne sommes pas en mesure de parler. La réponse est : cela dépend. Si, pour une personne, dire les mots dans sa tête la met davantage en connexion avec ce qui se passe en elle, c'est parfait. Dans le cas contraire, ce n'est pas une bonne idée.

Quoi faire avec les phrases comportant des SER et des déclencheurs

Les phrases EFT les plus simples sont celles qui ne comportent que des SERMA. Par exemple : « Même si je me sens triste, j'accueille tout cela avec bienveillance. » Lorsque les déclencheurs s'ajoutent, cela peut devenir un peu plus compliqué. Pour que les phrases EFT soient meilleures en bouche et pour rendre la phrase de rappel plus logique quant à la séquence dans le temps, j'utilise le truc suivant.

Lorsqu'une phrase EFT comporte à la fois un déclencheur et un SER, dans de nombreux cas, je mets le SER en premier et le déclencheur en deuxième dans la phrase de départ. C'est souvent plus agréable en bouche. Vérifiez par vous-même. Que préférez-vous ?

- « Même si, quand ma meilleure amie annule une activité à la dernière minute, je suis frustrée (déclencheur + SER), j'accueille tout cela avec bienveillance. »

Ou :

- « Même si je suis frustrée quand ma meilleure amie annule une activité à la dernière minute (SER + déclencheur), j'accueille tout cela avec bienveillance. »

Vous serez probablement d'accord avec moi que la formule « SER + déclencheur » est plus agréable à dire, surtout lorsqu'il y a un « quand » avant le déclencheur.

Par contre, la logique nous demande de mettre le déclencheur en premier et le « pas-bien » par la suite. Dans le temps, c'est dans cet ordre que ces éléments se déroulent. Je suis en contact avec un déclencheur, ensuite je ne me sens pas bien. Si vous pouvez suivre cet ordre dans la phrase EFT complète (avec le « Même si »), c'est très bien. Dans l'exemple précédent, nous pourrions reformuler la phrase comme suit :

- « Même si ma meilleure amie annule une activité à la dernière minute et que cela me frustre (déclencheur + SER), j'accueille tout cela avec bienveillance. »

Sinon, c'est OK de les inverser pour la phrase de départ. Par contre, pour la phrase de rappel, le « Même si » n'est plus là. J'utilise alors l'ordre logique :

- Phrase EFT complète : « Même si je suis frustrée quand ma meilleure amie annule une activité à la dernière minute (SER + déclencheur), j'accueille tout cela avec bienveillance. »
- Phrase de rappel : « Ma meilleure amie annule une activité à la dernière minute, je suis frustrée » (déclencheur + SER).

Quoi faire avec les phrases longues

On doit parfois faire un compromis entre deux choses : être au service de la connexion ou travailler avec précision. Plus il y a de mots, plus la connexion risque d'être en danger. Mais plus il y a de mots, plus nous sommes au service de la précision, un des facteurs clés du succès de l'EFT. Parfois, la phrase de rappel peut être assez longue. Dans ce cas, il y a trois possibilités :

- dire la phrase au complet sur chaque point ;
- séparer la phrase en deux ou en trois parties, et en dire une partie par point ;

- ne garder que l'essentiel dans la phrase de rappel étant donné que le tout était exprimé dans la phrase de départ ; l'essentiel correspond aux mots qui vont favoriser une connexion optimale.

Voici un exemple avec la phrase : « Même si je me sens coupable d'avoir brisé la famille en demandant le divorce au père de mes enfants, je m'aime et je m'accepte totalement et profondément ».

On aura comme phrase de rappel « Je me sens coupable d'avoir brisé la famille en demandant le divorce au père de mes enfants ».

Par contre, si on ne garde que l'essentiel, la ronde ressemblera à ceci :

- CM — « Même si je me sens coupable d'avoir brisé la famille en demandant le divorce au père de mes enfants, je m'aime et je m'accepte totalement et profondément » (dire trois fois) ;
- DS — « J'ai brisé la famille en demandant le divorce » ;
- CO — « Je me sens coupable » ;
- SO — « J'ai brisé la famille en demandant le divorce » ;
- SN — « Je me sens coupable » ;
- SBo — « J'ai brisé la famille en demandant le divorce » ;
- SC — « Je me sens coupable » ;
- SBr — « Je me sens coupable » ;
- ST — « Je m'aime et je m'accepte totalement et profondément ».

Dans de nombreuses rondes, la phrase de rappel sera coupée en deux. Par conséquent, il manque un point pour construire une phrase de rappel répartie sur deux points, et cela arrive quatre fois. C'est pour cette raison que dans l'exemple précédent il y a « Je me sens coupable » deux fois de suite. J'aurais pu aussi mettre « J'ai brisé la famille en demandant le divorce » deux fois de suite. Pour contrer ce manque, j'ajoute un dixième point dans la séquence : le point thymus. Il s'agit tout simplement de tapoter sur le haut le sternum vis-à-vis du thymus.

On aura ainsi la ronde suivante :

- CM — « Même si je me sens coupable d'avoir brisé la famille en demandant le divorce au père de mes enfants, je m'aime et je m'accepte totalement et profondément » (dire trois fois) ;
- DS — « J'ai brisé la famille en demandant le divorce » ;
- CO — « Je me sens coupable » ;
- SO — « J'ai brisé la famille en demandant le divorce » ;
- SN — « Je me sens coupable » ;
- SBo — « J'ai brisé la famille en demandant le divorce » ;
- SC — « Je me sens coupable » ;
- STh (sur le thymus) — « J'ai brisé la famille en demandant le divorce » ;
- SBr — « Je me sens coupable » ;
- ST — « Je m'aime et je m'accepte totalement et profondément ».

2. La connexion

Une des questions que je reçois souvent de mes étudiantes est la suivante : « Comment travaille-t-on avec une personne qui est dans sa tête ? Une personne qui ne semble pas être capable de se connecter à ses émotions ou à ses sensations physiques ? Elle ne sent tout simplement rien ! ». Vous aurez des éléments de réponse dans cette section. En effet, je vous partage tout ce que vous devez considérer au sujet de la connexion, l'une des deux composantes essentielles qui permet de faire de l'EFT efficacement.

Un mythe — Une émotion forte indique une connexion forte

Certaines clientes jugent la valeur de leur séance par l'intensité de leurs émotions. Cependant, il y a plusieurs facteurs qui peuvent contribuer à la valeur d'une séance EFT. Bien que l'EFT ait été présenté dès le début comme un outil permettant de diminuer les perturbations émotionnelles, son spectre d'action est plus large.

Une praticienne EFT expérimentée et bien formée est capable de « nettoyer » l'univers intérieur de la personne devant elle avec douceur. Ainsi, bien que je présente la connexion avec l'univers intérieur comme une des composantes essentielles de l'EFT, il existe différentes façons de se connecter à cet univers, et ces façons ne se limitent pas aux émotions fortes. La qualité de la connexion va au-delà de l'intensité émotionnelle.

Les différentes formes de connexion

Je raconte souvent l'histoire d'une cliente qui n'avait eu pratiquement aucune émotion alors que la praticienne travaillait une agression sexuelle présumée. Le travail sur l'agression n'a duré que 10 à 15 minutes. Tout le reste de la séance a consisté en des rondes sur des sensations physiques qui émergeaient d'une ronde à l'autre, et cela sans aucune émotion. Après cette séance, la cliente a rapporté des changements importants à son travail, dans ses relations avec ses collègues.

Je juge cette séance de très haute valeur même si pratiquement aucune émotion n'a été ressentie. Tout se passait dans le corps.

Avec l'EFT, on peut aussi travailler les croyances et accéder à des transformations importantes sans nécessairement « tomber » dans des émotions fortes. Les croyances impliquent davantage le mental que l'émotif, même si, dans certains cas, il est difficile de dissocier les deux. Une bonne séance sur les croyances peut avoir une très haute valeur bien qu'aucune émotion ne s'y soit présentée.

On peut également travailler des événements du passé en dissociation, en tapotant pour le ou les personnages d'une scène qui se déroule dans notre imaginaire. On s'occupe des perturbations émotionnelles de ce qui est à l'extérieur de nous, sans être soi-même directement engagée émotionnellement. Et savez-vous quoi ? Cela fonctionne tout de même. Je l'appelle la connexion indirecte.

Les mots dans l'EFT — Sont-ils indispensables ?

Juste un rappel pour mentionner que les mots ne sont pas obligatoires quand on veut faire de l'EFT efficacement. C'est un plus, comme vous le verrez dans la section suivante, mais ils ne sont pas indispensables.

Comme je vous l'ai déjà expliqué, il est possible de faire de l'EFT efficacement en silence. C'est particulièrement recommandé et même inévitable en cas de très grande intensité émotionnelle. Je dis souvent à mes étudiantes que, dans une séance EFT, vous devez être au service non seulement de l'objectif d'accompagnement, mais aussi de la connexion. Si la personne que j'accompagne vit des perturbations émotionnelles intenses, quel que soit le moment de la séance, je m'arrête et je commence un *tapping* en silence. Je procède le plus souvent en boucle, en accompagnant la personne avec des paroles réconfortantes pour lui signifier que je suis là avec elle et qu'on est en train d'apaiser tout cela.

L'erreur que beaucoup de débutantes font est de questionner la personne sur sa perturbation émotionnelle : « Qu'est-ce qui se passe ?

Pourquoi as-tu de la peine ? Qu'est-ce qui te dérange ? » Je vous suggère de poser vos questions une fois que la perturbation émotionnelle sera apaisée. En attendant, sortez les mains de vos poches, alignez vos doigts et commencez à tapoter en boucle avec la cliente jusqu'à l'apaisement.

Le rôle des mots

Pour obtenir un apaisement efficace, on doit se connecter de façon précise avec sa réalité intérieure, puis on se concentre sur celle-ci, tout simplement. Ce qu'il faut comprendre, et c'est fondamental, c'est que les mots que vous avez décidé de mettre dans votre phrase EFT ou que vous dites dans une séance placotons et tapotons doivent véritablement être au service de cette connexion. Ainsi, ce n'est pas parce que vous commencez une ronde avec les mots que vous avez choisis au départ qu'il faut les garder jusqu'à la fin. En effet, les mots doivent décrire votre réalité intérieure en temps réel. Votre univers intérieur n'est pas statique, il est dynamique, et les mots doivent s'y adapter.

Par exemple, si vous commencez votre ronde avec de la colère et qu'au milieu de la ronde, votre réalité intérieure change et que de la tristesse s'installe, il est inutile et même contre-productif de continuer à dire « Je me sens en colère ». Vous devez plutôt ajuster les mots et dire : « Je me sens triste ». Ainsi, pendant une ronde, vous devez toujours être au service de la connexion. Voici comment vous y prendre pour demeurer au service de la connexion avec l'univers intérieur :

- se concentrer sur ce qu'il y a à apaiser ;
- visualiser la situation, le déclencheur ;
- utiliser les mots qui décrivent le mieux ce qui vous dérange et comment vous vous sentez ;
- employer des mots qui sonnent vrai pour vous ;
- parler à voix haute ;
- modifier les mots en temps réel pour refléter la réalité intérieure dynamique que vous désirez apaiser.

À chaque point, changer de mots ou répéter les mêmes ?

Depuis le début, vous remarquez que je prône la répétition des mots d'un point à l'autre. Mais si vous regardez des vidéos EFT sur internet, pratiquement personne ne fait cela. La plupart proposent des mots différents à chaque point. Quelle est la meilleure façon de faire de l'EFT ? À chaque point changer de mot ? Ou répéter les mêmes mots pour tous les points ? Je vous explique ci-dessous les deux raisons pour lesquelles je répète les mêmes mots d'un point à l'autre et pourquoi il est parfois approprié de changer les mots.

***** Le Dr Maguire a dû le répéter neuf fois avant que Will ne craque *****

Dans le film *Good Will Hunting* avec Robin Williams et Matt Damon, il y a une scène célèbre où Will (Matt Damon) veut savoir ce qu'il y a dans son dossier. Dans cette scène, le Dr Sean Maguire exprime 10 fois à Will que les abus dont il a souffert n'étaient pas de sa faute. Il a dû le répéter neuf fois avant que Will ne craque, intègre vraiment le message en lui et s'effondre en pleurs.

Or, il s'avère que la ronde courte compte neuf points (si l'on ajoute le point thymus et si l'on exclut le dessus de la tête où l'on dit l'intention positive). La cible EFT est donc répétée neuf fois pendant une ronde. Cette scène démontre bien qu'il ne faut pas sous-estimer le pouvoir de la répétition. Celle-ci crée également un effet de transe qui permet d'aller encore plus en profondeur dans le nettoyage du SER ciblé. La répétition favorise également des émergences précises qui peuvent s'avérer de véritables cadeaux. J'ai la forte impression qu'actuellement les praticiennes EFT sous-estiment grandement la puissance de la répétition.

Dans ma pratique, j'ai tendance à changer les mots seulement si la réalité intérieure change (du côté de la personne accompagnée) ou si j'ai une inspiration (de mon côté, comme praticien EFT). De plus, si je propose une de mes inspirations, je précise à la personne accompagnée qu'elle peut la refuser si elle ne correspond pas à ce qui se passe à l'intérieur d'elle à ce moment. Je lui mentionne qu'elle est la *boss* (la patronne) des mots. En tout temps, elle peut les modifier pour qu'ils reflètent ce qui se passe en elle, et je vais tout simplement la suivre.

***** Il ne faut pas sous-estimer la répétition *****

Selon mon expérience, changer les mots à chaque point génère trop de paroles, ce qui nous amène dans le mental. On est alors trop souvent dans le cortex en train de recevoir et de décoder ces paroles. En outre, puisque certains mots vont favoriser une meilleure connexion et que d'autres vont entraîner une déconnexion, la personne expérimente des niveaux de connexion différents d'un point à l'autre. Ce qui m'intéresse, c'est la transformation au niveau du cerveau automatique, au niveau des profondeurs. Ce n'est pas en recevant une avalanche de mots qu'on pourra travailler en profondeur. Changer de mots à chaque point peut comporter des avantages et permettre, dans certains cas, des transformations importantes, entre autres, par l'effet de surprise. Malgré ces avantages, j'ai tendance à préférer la répétition. La seule exception, c'est lorsque vous avez un élan intérieur pour changer de mots parce que votre univers intérieur s'est modifié. Il est donc important d'être attentive à ce qui se passe pendant une ronde et d'ajuster les mots pour qu'ils soient en adéquation avec ce qui se passe en vous. Si vous avez l'élan de modifier les mots à chaque point, soyez attentive à la connexion avec votre univers intérieur. Si le niveau de connexion augmente, c'est une bonne chose pour vous. Sinon, je vous suggère d'utiliser simplement la répétition.

3. Les émergences

Pendant une ronde où la cliente exprime son inconfort à parler devant un groupe au travail, elle se souvient subitement d'un événement qui a eu lieu à l'école pendant qu'elle effectuait une présentation devant la classe. Ce fut la catastrophe : elle a ressenti de l'humiliation et de la honte. Elle a été ridiculisée et toute la classe a ri, de même que l'enseignante et sa meilleure amie. Depuis ce temps, les présentations devant un groupe sont demeurées très difficiles.

Voilà un bel exemple d'émergence qui révèle la racine possible d'un problème. Dans le monde de l'EFT, les émergences semblent sous-estimées. Pourtant, elles peuvent s'avérer de véritables trésors.

***** L'émergence — Tout ce qui se présente dans votre univers intérieur *****

Après le *tapping* et la connexion, les émergences constituent le troisième élément à considérer pendant les rondes EFT. Pour l'exprimer simplement, une émergence, c'est tout ce qui peut se présenter dans votre univers intérieur pendant une ronde, et qui n'était pas là au départ. Les émergences peuvent prendre plusieurs formes :

- Il peut y avoir des événements du passé qui surgissent dans votre conscience pendant que vous tapotez, comme on l'a vu dans l'exemple précédent.
- Dans certains cas plus rares, les événements ou les images qui émergent semblent totalement imaginaires. Certaines personnes vont parler de vies antérieures et d'autres vont plutôt avancer que ce serait des représentations symboliques de ce qui se passe à l'intérieur d'elles-mêmes. Un peu comme dans les rêves, ce serait la partie cachée de soi qui s'exprimerait. Une praticienne a travaillé avec une femme qui s'est retrouvée dans une scène avec des Romains au temps de l'Empire romain. Vie antérieure de la cliente ou représentation symbolique de ses profondeurs ? Ce n'est pas important. En EFT, on travaille les deux de la même façon. Je vous explique avec davantage de détails quoi faire avec les émergences dans le chapitre 8.
- Il peut aussi y avoir des images, des objets, des chiffres, des mots, des pensées.
- Et, bien sûr, il peut y avoir de nouveaux SER ou de nouvelles sensations physiques. Par exemple, vous commencez votre

ronde avec la peur, et puis, au milieu de la ronde, il y a une grosse pression au plexus qui s'installe. Elle n'était pas là au début de la ronde.

Ainsi, tout ce qui se présente pendant la ronde doit être sérieusement considéré. Vous ne devez rien ignorer. Une cliente mentionne à sa praticienne, lors d'une ronde EFT, vers la fin de la séance : « Je suis en train de penser au souper de ce soir avec mon amoureux ». Eh oui, les clientes peuvent partager ce genre de pensée, et la praticienne doit en tenir compte. Je dis souvent à ma clientèle lorsque j'explique les émergences : « Vous me dites tout ! Même si vous pensez à votre liste de courses ». Pour la personne que j'accompagne, la connexion à son univers intérieur est très importante. Si la personne pense à sa liste de courses, elle est peut-être fatiguée. Il est aussi possible qu'on soit en train de s'approcher de quelque chose d'important ou de souffrant, et que le cerveau se mette en mode fuite. Dans le prochain chapitre, vous aurez davantage de détails sur ces émergences et sur la manière de les travailler.

Conclusion

Vous connaissez maintenant l'essentiel de ce qu'on fait pendant une ronde EFT. Il y a trois éléments à considérer : le *tapping*, la connexion avec sa réalité intérieure et les émergences.

Pour le *tapping*, je vous ai montré comment utiliser les trois séquences proposées et je vous ai donné mes petits trucs si la phrase EFT est longue ou comporte des déclencheurs :

- dans le format de base, tous les points sont tapotés une fois ;
- je vous suggère deux variantes au format de base ; on peut :
    - alterner la cible EFT et l'intention positive à chaque point ;
    - faire une ronde totalement positive, sans cible EFT ;
- on se sert de la boucle lorsque l'intensité émotionnelle est très grande ;

- on doit parfois inverser les SER et le déclencheur dans la phrase de départ ;
- on utilise plus d'un point pour couvrir les longues phrases de rappel ;
- on ajoute le point thymus pour avoir un nombre pair de points à tapoter lorsque les phrases de rappel sont coupées en deux.

En ce qui a trait à la connexion, le message important à retenir est que :

- les mots sont au service de la connexion ;
- les mots doivent correspondre à ce qui se passe à l'intérieur de vous-même en temps réel ;
- si votre réalité intérieure change, les mots doivent être ajustés ;
- je favorise la répétition des mêmes mots pour chacun des points.

Pour ce qui est des émergences :

- elles peuvent se produire en tout temps : pendant et tout de suite après une ronde, et même pendant les discussions entre les rondes ;
- elles peuvent représenter de véritables cadeaux en exposant une racine, une cause profonde associée au problème de départ.

Dans le présent chapitre, vous avez eu un avant-goût des émergences. Dans le chapitre suivant, je vous dévoile tout sur les émergences et, surtout, quoi faire avec celles-ci. Souvent, il n'y a tout simplement rien qui émerge. Savez-vous qu'il y a une différence entre un vrai rien et un faux rien ? C'est ce que vous découvrirez dans les pages suivantes !

CHAPITRE 8

APRÈS UNE RONDE

Après une ronde EFT, que peut-on faire ? Vous me direz : « Eh bien, François ! Après la ronde, c'est fini. Il n'y a plus rien à ajouter ! » Eh bien, non. Ce n'est pas terminé. Il y a un univers de possibilités qui peuvent se produire après une ronde. C'est ce que nous verrons dans ce chapitre.

Catherine veut briser ses schémas répétitifs avec les hommes. Pour l'aider, sa praticienne EFT décide de travailler une scène où Catherine découvre qu'il y a une autre femme dans la vie de son conjoint. À ce moment-là, Catherine est en train de se séparer de son conjoint. Elle habite dans un nouvel appartement à la suite de la séparation. Elle revient à la maison du couple pour prendre certaines de ses choses pendant un week-end où elle pense que son ex-conjoint n'y est pas. Elle remarque des vêtements qui ne lui appartiennent pas. L'élément déclencheur est la vue d'un séchoir à cheveux qui n'est pas à elle, d'où elle déduit qu'il y a une autre femme dans la maison. La praticienne fait donc une ronde EFT avec les mots suivants :

« Même si ça capote en dedans (je suis dans tous mes états) quand je vois le séchoir à cheveux, je demande à l'intelligence de mon corps de me montrer à quel âge je me suis sentie comme ça la première fois. »

À la fin de la ronde, elle raconte : « Ce qui monte, c'est cette mémoire… Je suis petite, autour de 10 ans, dans le sous-sol, et j'entends ma mère qui parle au téléphone. C'est avec un très grand bonheur que j'entends les mots d'amour que ma mère dit au téléphone. Mes parents sont toujours en dispute. J'éprouve un immense bonheur de constater qu'ils sont en train de se réconcilier. C'est comme s'il y avait quelque chose en moi qui était en train de guérir. Mais, à la fin de la conversation, avant de raccrocher, ma mère dit : "À tantôt Pierre, je t'attends". Or, mon père s'appelle Réjean ! J'ai vécu ça comme un effondrement. Ça capotait vraiment en dedans ! »

La fin d'une ronde peut devenir une pépinière à racines, ces événements du passé qui maintiennent les problématiques actuelles en place. C'est un moment sacré dont on doit prendre bien soin.

Si vous êtes débutante, l'objectif de votre pratique EFT n'est pas nécessairement de trouver l'origine de vos problèmes. Je donne cet exemple à titre indicatif seulement. Par contre, je trouve important que vous soyez sensibilisée tôt à l'importance des émergences. Si vous allez plus loin dans votre pratique de l'EFT, vous verrez que ces émergences représentent souvent la clé pour résoudre vos problématiques.

Bienvenue dans l'univers de la fin de la ronde et dans le monde des émergences !

La fin de la ronde

Dans l'exemple précédent, il y a eu une demande explicite pour trouver un événement du passé (« … je demande à l'intelligence de mon corps… »). Dans ce cas, ce qui est apparu à la conscience de la personne accompagnée peut être considéré comme une réponse à sa question. Par contre, il n'est pas nécessaire qu'il y ait une question pour faire apparaître ces mémoires du passé.

Ainsi, quelle que soit l'intention positive choisie, une fois la ronde terminée, je suggère de fermer les yeux, de prendre une bonne respiration et d'observer ce qui se passe, tout simplement. Ce moment laisse un espace tranquille pouvant favoriser l'apparition des émergences. Pour savoir ce qui émerge, je demande ensuite, après quelques secondes d'introspection : « Qu'est-ce qui se passe ? »

Les émergences

Qu'est-ce qu'une émergence ?

Une émergence, c'est tout ce qui apparaît à votre conscience, comme ça, spontanément, sans qu'on n'ait rien forcé, à la fin d'une ronde, pendant celle-ci ou même au moment d'une discussion au cours d'une séance EFT. Il existe quatre cas de figure en matière d'émergences :

- l'émergence qui a du sens ;
- l'émergence qui semble ne pas avoir de sens ;
- le rien du tout — ce que j'appelle le vrai rien ;
- le faux rien — on a une impression de rien, mais c'est différent du vrai rien.

Je considère également la qualité de l'émergence. Elle peut être :

- négative ;
- neutre ;
- positive.

J'ai aussi répertorié six grandes catégories d'émergences. Il y en a d'autres, mais je vous présente les principales avec des exemples tirés de séances avec la clientèle de différentes praticiennes EFT :

1. Les événements du passé
    - « Je me rappelle la fois où je me suis retrouvée seule à l'hôpital à 4 ans. »
2. Les événements ou scènes totalement imaginaires
    - « Je suis dans un champ de bataille avec des corps morts partout, mais ce ne sont pas des humains. On dirait que je suis sur une autre planète… »
3. Les images ou les objets
    - « Je vois un bonhomme allumette tout recroquevillé » ;
    - « Je vois un ourson en peluche, un nounours ».

4. Les mots ou les chiffres

    - « Je vois le mot "canard" » ;
    - « Je vois le chiffre trois ».

5. Les pensées

    - « Je me trouve stupide » ;
    - « Je comprends maintenant d'où ça vient » ;
    - « Je me rends compte que cette personne est vraiment blessée pour me faire subir ça ! »

6. Les nouveaux SER

    - « J'ai une boule à l'estomac qui est apparue » ;
    - « Ça m'attriste maintenant tout ça ».

L'importance des émergences

Apaiser ou transformer votre cible EFT est très important. C'est essentiellement pour cela que nous faisons de l'EFT. Par contre, dans certains cas, les émergences peuvent être plus importantes que l'apaisement de votre cible EFT. Voici pourquoi les émergences sont importantes, je dirais même ultra-importantes :

- Vous travaillez un événement récent (difficultés au travail lors de la présentation mensuelle que vous avez faite devant vos collègues et votre patron). L'émergence peut représenter un événement racine (en classe, à 12 ans, vous éprouvez honte et humiliation en faisant une présentation orale) qui, une fois nettoyé, pourra éliminer votre problème définitivement.
- L'émergence peut se présenter sous la forme d'une prise de conscience ou d'un changement de regard qui modifie totalement la perspective qu'on a face à une situation.
- L'émergence peut apparaître sous forme de symboles qui permettent de travailler un traumatisme avec davantage de douceur.

Les émergences sont parfois très surprenantes. À la fin des séances, les clientes me mentionnent parfois que jamais elles n'auraient pensé se remémorer tel ou tel souvenir ou voir leur situation sous ce nouvel angle.

L'émergence qui a du sens et celle qui semble ne pas en avoir

Il faut éviter les jugements sur les émergences et considérer chacune d'entre elles. Une émergence peut avoir du sens (tel événement vécu à 10 ans) ou sembler ne pas avoir de sens (l'image d'un bonhomme allumette recroquevillé). Vous rappelez-vous le chapitre 4 sur les concepts de base, où je vous décris l'importance des émergences ? Un des exemples concerne un homme qui voit le mot « canard » et une branche d'arbre. Ce sont deux émergences qui semblent ne pas avoir de sens, mais elles ne constituent que la pointe de l'iceberg. Si on considère la partie cachée de l'iceberg, on voit que les deux émergences ont du sens (la mort du père d'un bon ami, qui s'est noyé à la chasse au canard). Même chose pour la dame qui est en contact avec un nounours en peluche qui n'est pas le sien. Si les personnes accompagnées ne m'avaient pas communiqué leurs émergences et que, de mon côté, je n'avais pas considéré ces émergences, nous serions passés à côté d'occasions précieuses de nettoyage. Les émergences qui ne semblent pas avoir de sens, je les classe dans cinq catégories :

- **La pointe de l'iceberg** : il s'agit d'un élément d'information qui ne semble pas avoir de sens, mais qui provient d'une entité plus grande qui, elle, a du sens lorsqu'elle se présente à la conscience. Reprenons les exemples précédents :
    - pointe de l'iceberg n° 1 : le mot « canard » et une branche d'arbre ;
    - partie cachée de l'iceberg n° 1 : le souvenir de la mort du père d'un ami noyé en chassant le canard ;
    - pointe de l'iceberg n° 2 : l'image d'un nounours ;
    - partie cachée de l'iceberg n° 2 : un souvenir où la cliente pleure, la bouche contre un nounours.

- **La représentation symbolique** : c'est un symbole ou un espace symbolique relié à une mémoire cachée. Les symboles sont des interfaces intéressantes pour travailler, dans la douceur, ce qui se loge dans la partie cachée de soi. Voici des exemples :
  - voir un serpent dans son lit, alors que la sexualité avec le conjoint est le thème principal travaillé ;
  - voir un orage avec tonnerre et éclairs, alors que la colère et l'impulsivité sont les principaux thèmes travaillés.
- **La mémoire « extérieure » :** ce qui émerge peut prendre sa source dans des mémoires provenant de vos ancêtres ou, pour les personnes qui y croient, de vies antérieures (ou vies parallèles). Dans certains cas, nous verrons un lien avec la cible EFT qui vient d'être apaisée. Dans d'autres cas, aucun lien ne pourra être envisagé.
- **L'émergence positive** : après une ronde classique d'EFT, le cerveau peut nous présenter des images positives. Certaines semblent être en lien avec la problématique EFT que nous venons d'apaiser. D'autres n'ont aucun lien apparent. Dans tous les cas, je les considère comme des confirmations du processus de libération en cours. Lorsque nous avons suffisamment nettoyé le négatif, le cerveau a tendance à nous connecter au positif.
- **La fuite :** parfois, on peut soupçonner que le cerveau se place en mode fuite. C'est comme s'il nous présentait des distractions pour ne pas que l'on contacte LA chose importante reliée au problème qui est sur la table.

Communiquez vos émergences et notez-les

Si vous travaillez seule, vous devriez noter les émergences qui se présentent. Dans de tels cas, vous pouvez faire une petite exception à un des principes déjà énoncés : on doit rester connectée avec sa réalité intérieure. Au risque de briser cette connexion, je vous suggère d'arrêter votre ronde et de prendre le temps de noter cette émergence, qui peut s'avérer très précieuse. Sinon, vous risquez de l'avoir oubliée à la fin de la ronde. Notez quelques mots clés rapidement. Vous pourrez être plus précise et ajouter des détails à la fin de la ronde lorsque tout est redevenu calme.

Quand vous travaillez avec une praticienne EFT certifiée, il est important de lui communiquer vos émergences parce qu'elle ne sait pas ce qui se passe à l'intérieur de vous. Lorsque j'accompagne une personne, je lui dis souvent : « Tu me dis tout » ou « Vous me dites tout, même si vous pensez à votre liste de courses ». Je veux vraiment que la personne que j'accompagne soit suffisamment à l'aise pour me dévoiler tout ce qui se passe à l'intérieur d'elle. Je ne veux pas qu'elle ait de filtre. Je ne veux pas qu'elle se dise : « Ah ! Cela n'intéressera pas François » ou « Cela n'est pas important, il n'y a aucun lien avec ce qu'on est en train de travailler ». En tant que praticien, je veux savoir tout ce qui émerge pour ne rien manquer des occasions que les émergences peuvent représenter pour résoudre une problématique avec davantage de profondeur et de rapidité.

Les émergences neutres, positives ou négatives

Si l'émergence est **neutre**, on peut souvent dire qu'elle semble ne pas avoir de sens. J'ai tendance alors à faire une ronde supplémentaire pour obtenir davantage d'information. Sinon, je prends l'émergence en note. Parfois, je peux soupçonner que le cerveau est en fuite, par exemple si la personne que j'accompagne pense au repas du soir qu'elle doit préparer.

Si l'émergence est **négative ou désagréable**, on pourrait la prendre comme cible EFT pour la prochaine ronde. S'il y a plusieurs émergences négatives qui se présentent, je sélectionne la plus forte, celle qui prend le plus de place.

Si l'émergence est **positive**, comme je l'ai mentionné plus haut, cela témoigne souvent du nettoyage qui est en train de se faire. J'éprouve alors de la gratitude. Certaines personnes vont suggérer de ne faire une ronde EFT qu'avec du positif sur ce qui vient d'émerger. Si l'émergence se présente comme une sensation du corps agréable, j'ai tendance à dire à ma cliente : « Déguste ! » Je lui laisse un moment, une minute ou deux, parfois plus, pour lui permettre de savourer la sensation physique agréable qui est en train de l'envahir.

Les émergences — Les événements du passé

L'émergence qui constitue le plus beau cadeau, qui est la plus précieuse, c'est un événement du passé qui surgit dans la conscience et qui comporte de nombreux paramètres identiques à la problématique de départ. Un événement du passé n'émerge jamais par hasard. Il y a, la plupart du temps, un lien quelconque avec ce que vous êtes en train de tapoter. Et, dans certains cas, cette émergence est un véritable cadeau ! Elle peut correspondre à la racine de la problématique. Lorsque vous nettoyez les charges émotionnelles que vous avez emmagasinées au fil des années à cause de votre problématique, vous pouvez obtenir un effet incroyable sur votre problème actuel.

Une participante à mes *tapping* en groupe vivait des difficultés avec deux amies. Le comportement de ces deux amies la dérangeait beaucoup. Dans un événement récent, elle a trouvé l'une de ces amies très agitée ; celle-ci prenait beaucoup de place dans le groupe. Elle ne semblait pas écouter les autres.

La participante a fait une ronde sur cet événement récent. Trois émergences se sont présentées dont une concernant sa meilleure amie du primaire. La participante a perdu cette amie parce qu'une nouvelle élève est arrivée à l'école. Elle a mentionné : « Au contact de la nouvelle élève, mon amie a changé de comportement. Elle est devenue agitée, elle prenait beaucoup de place ». Bref, elle a eu un comportement similaire à son amie actuelle. Elle ajoute : « À la suite de ce contact de mon amie avec la nouvelle élève, j'ai perdu mon amie ». Nettoyer les charges émotionnelles de cet événement du primaire a pu réduire la sensibilité de la participante à ce type de comportement observé chez ses amies.

Quoi faire avec les événements du passé

Lorsqu'un événement du passé émerge, vous avez le choix entre deux démarches. Premièrement, si vous êtes expérimentée avec l'EFT, vous pouvez abandonner ce que vous étiez en train de faire et amorcer le nettoyage des charges émotionnelles associées à l'événement qui vient d'émerger.

Deuxièmement, vous pouvez tout simplement prendre en note l'événement qui surgit et continuer à travailler ce que vous étiez en train d'apaiser ou de transformer. Dans le cadre de ce livre, c'est ce que je suggère de faire si un événement du passé surgit pendant que vous tapotez un stress du quotidien ou un choc de la vie. Vous pourrez, par la suite, faire appel à une praticienne EFT expérimentée pour le nettoyage de cet événement du passé. Le nettoyage des charges émotionnelles liées à des événements du passé est l'une des compétences fondamentales de toute praticienne EFT.

Les émergences — Les scènes totalement imaginaires

Parfois, les scènes qui surgissent ne cadrent pas avec la vie de la personne. Elles sont totalement imaginaires. Dans le chapitre 7, je vous ai parlé d'une femme qui s'est retrouvée parmi des Romains. Il y a le cas d'une autre femme qui se retrouve dans une chambre qu'elle ne connaît pas. Cette chambre est reliée à un corridor, sans aucune porte, et un loup semble en garder l'entrée. D'où vient ce type d'émergence ? Certaines parleront de vies antérieures, de vies parallèles ou de représentations symboliques venant de la partie cachée de soi.

Dans mon travail en EFT, l'origine de ces émergences n'est pas importante. Ce sont des éléments qui font partie de l'univers intérieur de la personne. S'il y a du stress et des perturbations émotionnelles qui leur sont associés, ils sont tout simplement tapotés, puis apaisés. Dans l'hypothèse où ces émergences sont des représentations symboliques venant des profondeurs de la personne, il est extrêmement intéressant de les travailler. Vous êtes alors en contact direct avec la partie cachée de l'univers intérieur de la personne ! Souvent, un tel travail permet d'avancer en douceur sans accéder directement à la mémoire traumatique correspondante.

Quoi faire avec les scènes totalement imaginaires

Dans le cas d'une scène totalement imaginaire, j'ai tendance à rester avec la scène et à nettoyer ce qui est là. Pour la dame qui s'est retrouvée parmi des Romains, il faut lui demander : « Cette femme parmi ces Romains, comment se sent-elle ? » Avec la réponse, j'amorce une ronde que je peux faire au « je » si cela fait sens pour la personne. Toutefois, dans ce type de situation, j'aime bien faire les rondes à la troisième personne, ce qui donne par exemple : « Même si cette femme romaine doit être sur ses gardes parce qu'elle se sent menacée, c'est OK de se sentir comme ça. » Pour la petite histoire, l'énergie de cette femme romaine a mis la cliente davantage en contact avec une force intérieure qu'elle soupçonnait, mais à laquelle elle n'avait pas accès.

Par contre, dans le cadre de ce livre, je vous suggère de prendre ce genre d'émergence en note. Vous pourrez, par la suite, faire appel à une praticienne EFT pour le nettoyage de ces scènes totalement imaginaires.

Les émergences — Les images ou les objets

Les images ou les objets entrent souvent dans la catégorie des émergences qui n'ont pas de sens pour la personne. Par exemple, une branche d'arbre, un ourson en peluche ou un vieux plancher de bois peuvent émerger. Tout comme les événements du passé, ces images ne surgissent pas par hasard. Je fais toujours la présomption que l'image n'est que la pointe de l'iceberg, et que celui-ci représente quelque chose d'important et de significatif en lien avec la cible EFT qu'on est en train d'apaiser. Dans certains autres cas, tout comme les scènes totalement imaginaires, l'image ou l'objet peut représenter symboliquement ce qui se passe dans les profondeurs de la personne.

Personnellement, une des émergences qui m'a le plus marqué est celle du plancher de bois. Je vois un plancher de bois et la personne qui m'accompagne me demande ce qui se passe. Je lui réponds : « Laisse-moi du temps, il y a quelque chose qui veut émerger. » À partir du plancher de bois, un zoom arrière me fait voir que je suis capitaine ou matelot sur un gros navire en bois qui quitte le port. Sur le quai, il y a ma fille d'environ 11 ans qui pleure. L'information qui s'installe en moi, c'est le sentiment d'avoir été dur avec ma fille, juste avant le départ. Comme si une partie de moi ne voulait pas qu'elle s'attache trop à moi pour lui éviter de souffrir si je ne revenais pas. Tout cela pour qu'elle ne vive pas la souffrance que j'ai moi-même vécue quand j'ai perdu mon père en mer.

Si j'avais ouvert les yeux pour répondre à la question de la personne qui m'accompagnait alors, j'aurais probablement manqué cette information pertinente en lien avec ce qu'on travaillait. Vie antérieure ? Vie parallèle ? Représentation symbolique d'une partie de moi enfouie ? Ce n'est pas important. Cela semble correspondre à une culpabilité que je porte pour avoir fait souffrir quelqu'un que j'aime. Cela dans le but de lui éviter une souffrance encore plus grande.

Quoi faire avec les images ou les objets

La plupart du temps, les images ou les objets qui émergent pendant ou après une ronde semblent vraiment ne pas avoir de sens. J'ai donc tendance à faire une ronde pour demander plus d'information. Voici un exemple :

- « Même si une branche d'arbre est apparue et que je ne sais pas pourquoi, je demande à l'intelligence de mon corps, à la partie de moi qui sait tout, de me donner plus d'information » ;
- Comme phrase de rappel, je dis « branche d'arbre ».

Dans le cas de la personne qui m'a annoncé un bonhomme allumette recroquevillé, j'ai fait la ronde classique. (À l'époque, je ne faisais pas appel à l'intelligence du corps).

- « Même si je vois un bonhomme allumette recroquevillé et que je ne sais pas pourquoi, je m'aime et je m'accepte telle que je suis. »

Et savez-vous quoi ? Nous avons fait environ quatre rondes sur ce bonhomme allumette et, d'une ronde à l'autre, il se redressait de plus en plus. À la fin de la dernière ronde, finalement, il s'est retrouvé totalement droit. Je n'ai aucune idée de ce qui s'est passé chez la personne, mais cela donne l'impression que la partie d'elle qui sait tout nous a donné accès à ce symbole pour « allonger » quelque chose qui se trouvait tout recroquevillé. Nous n'avons pas été en mesure de créer un lien avec sa vie actuelle. Ce qui me permet de préciser que, en EFT, on ne cherche pas à comprendre les choses. On prend la matière première qui est là et on l'apaise, on la transforme grâce à l'EFT. Les éléments de compréhension se présentent d'eux-mêmes, sans qu'on les demande, et on doit les considérer comme des cadeaux apparus au cours du processus.

Comme débutante, je vous suggère de prendre ce genre d'émergence en note. Vous pourrez, par la suite, faire appel à une praticienne EFT pour travailler en profondeur cette image ou cet objet.

Les émergences — Les mots et les chiffres

Tout comme les images, les mots et les chiffres se retrouvent, la plupart du temps, dans la catégorie des émergences qui semblent ne pas avoir de sens pour la personne.

Pour une cliente qui procrastine et tarde à ouvrir un groupe Facebook qui lui permettrait d'attirer une nouvelle clientèle, l'émergence qui se présente est le mot « liberté ». En discutant avec moi, elle le reconnaît, une partie d'elle croit qu'elle va perdre sa liberté en ouvrant un groupe Facebook dont elle devra s'occuper.

Quoi faire avec les mots et les chiffres

Les mots, mais surtout les chiffres, peuvent se présenter à la suite d'une ronde comme la suivante :

- « Même si je me sens impuissante devant cette situation, je demande à l'intelligence de mon corps, à la partie de moi qui sait tout, de me montrer à quel âge je me suis sentie comme cela la première fois. »

Comme réponse, il peut y avoir un événement. Mais, parfois, il y a un chiffre, par exemple trois. Dans un tel cas, je ne fais pas de présomptions. J'ai tendance à chercher une confirmation avec une ronde comme la suivante :

- « Même si j'ai vu le chiffre trois, je demande à l'intelligence de mon corps, à la partie de moi qui sait tout de me donner plus d'information : 3 mois dans le ventre de ma mère ? 3 jours de vie ? 3 semaines ? 3 mois ? 3 ans ? »

On cherche donc des racines. Soyez prudente si vous êtes débutante en EFT. Je suggère aux débutantes d'être dans la retenue quant à la recherche des racines de vos problématiques et de faire ce travail sous la supervision d'une praticienne EFT certifiée.

Les émergences — Les pensées

Les pensées peuvent se classer dans plusieurs catégories :

- les prises de conscience ;
- les changements de regard ;
- les croyances ;
- les solutions ;
- les autres pensées.

Les pensées — Les prises de conscience

Une participante à mes rencontres EFT avec laquelle j'ai travaillé de 20 à 25 minutes m'a demandé au début de la mini-session : « François, je n'arrive pas à vendre ma maison. Est-ce que l'EFT peut aider ? » — Bien certainement, lui ai-je répondu. Ce qu'on a trouvé, au cours de ces 20 à 25 minutes de travail, lui a procuré des éléments de clarté, de compréhension, sur les blocages qui pouvaient expliquer pourquoi sa maison ne se vendait pas. Dans certains cas, les discussions seulement peuvent générer des prises de conscience. La plupart du temps, ces prises de conscience arrivent toutes seules, comme par magie, pendant ou après les rondes EFT. C'est comme si l'EFT, en enlevant un voile d'émotions, nous permettait de voir nos problématiques avec plus de clarté. Pour la petite histoire, alors qu'il n'y avait pas vraiment d'activité significative en rapport avec la vente de sa maison depuis 18 mois, la participante a reçu une offre conditionnelle qu'elle a acceptée, une à deux semaines après cette mini-séance EFT... Hasard intéressant !

L'élément clé de cette vente ? La participante est une personne qui aime aider les autres. Elle a ça dans le sang. Cela fait partie de son ADN. Or la maison qu'elle essayait de vendre comprenait 10 chambres avec 10 pensionnaires, pour la plupart des étudiantes. Elle avait des liens de soutien avec certaines. En vendant sa maison, c'est comme si elle perdait une partie de son identité. Symboliquement, c'est aussi comme si elle abandonnait ses enfants.

Les prises de conscience, c'est lorsqu'il y a des éléments de compréhension qui s'installent lors du *tapping*. Faire des liens, comprendre d'où nos problématiques proviennent, voir les situations telles qu'elles sont, tout cela fait partie des pensées « prises de conscience ». Lorsqu'on est submergée par les émotions, c'est difficile de voir les situations telles qu'elles sont. C'est aussi difficile de faire des liens. Comme je le mentionnais précédemment, le *tapping*, en faisant tomber le voile des émotions, nous révèle de nouvelles perspectives sur nos problématiques.

Quoi faire avec les prises de conscience

Les prises de conscience sont un des cadeaux de l'EFT. Vous les prenez en note, vous les intégrez, vous les appréciez et vous vous installez tout simplement dans la gratitude !

Les pensées — Les changements de regard

Les changements de regard (ou changements cognitifs) se présentent lorsque vous pouvez regarder votre problème, votre situation ou un événement précis du passé d'une autre façon. Le cas classique est celui de la victime qui en veut à mort à son bourreau et qui change complètement son fusil d'épaule pour voir ce bourreau avec de la compassion et de la compréhension en réalisant que ce qui se cache derrière le bourreau est un enfant intérieur profondément blessé.

Quoi faire avec les changements de regard

Les changements de regard sont un des cadeaux de l'EFT. Vous les prenez en note, vous les intégrez, vous les appréciez et vous vous installez tout simplement dans la gratitude !

Les pensées — Les croyances

Toutes les pensées qui peuvent débuter par « Je crois que... » ou « Je pense que... » peuvent se placer dans cette catégorie. Une personne qui affirme pendant ou après une ronde : « Je suis nulle » ou « Je ne suis pas capable », vient d'exprimer une croyance. Dans le cadre de mon programme « Trouver l'Amour », j'ai travaillé avec une cliente qui m'a dit, à la fin d'une ronde : « Ah ! De toute façon, ce n'est pas possible de rencontrer quelqu'un d'extraordinaire pour moi ». « Ah ben là ! » lui ai-je répondu. « Il va falloir te sortir ça de la tête, et ça presse ! » Pour la petite histoire, cette cliente a trouvé l'âme sœur pas trop longtemps après avoir déboulonné cette croyance limitante... Hasard intéressant !

Quoi faire avec les croyances

La chose la plus simple à faire avec les croyances est de les tapoter. Il est surprenant de voir à quel point insérer une croyance dans une ronde et faire du *tapping* en étant connectée à cette croyance peut la désamorcer, l'affaiblir et la transformer. C'est comme si la croyance reste en place à cause d'une charge émotionnelle qui lui est associée. En tapotant la croyance, on a de l'impact sur cette charge émotionnelle, ce qui fait perdre sa force à la croyance. Ainsi, avec les croyances précédentes, on pourrait avoir comme phrase EFT :

- « Même si je crois que je suis nulle, je m'ouvre à la possibilité de transformer cette croyance ».

- « Même si je crois que je ne suis pas capable, je m'ouvre à la possibilité de transformer cette croyance ».
- « Même si je crois que ce n'est pas possible de rencontrer quelqu'un d'extraordinaire pour moi, je m'ouvre à la possibilité de transformer cette croyance ».

Les pensées — Les solutions

Parfois, ce qui émerge spontanément, ce sont des solutions à nos problèmes. La solution se présente et, en quelque sorte, elle s'impose à la personne. Ça peut être par exemple :

- prendre soin de soi ;
- lâcher prise ;
- pardonner.

Toutefois, les solutions émergentes apparaîtront plus souvent si on utilise le pouvoir de l'intention avec des rondes telles que la suivante :

- « Même si…, je demande à l'intelligence de mon corps comment faire pour… »

Par exemple : « Même si je n'accepte pas sa mort, je demande à l'intelligence de mon corps quoi faire pour l'accepter ».

Il est surprenant de voir ce qui peut émerger quand on a simplement recours au pouvoir de l'intention.

Quoi faire avec les solutions

Si une solution à un de vos problèmes émerge, ce que vous avez à faire n'est pas très compliqué. Je vous suggère tout simplement de noter la solution et de vous installer dans la gratitude. Bien sûr, si cette solution a du sens pour vous, passez à l'acte !

Les autres pensées

Les autres pensées, ce sont toutes celles qui ne sont ni des prises de conscience, ni des changements de regard, ni des croyances, ni des solutions. C'est une catégorie fourre-tout. En principe, vous devriez être capable de classer les pensées qui émergent dans les catégories précédentes, surtout les pensées ayant un lien avec la problématique abordée. Mais parfois c'est impossible. Ce matin, justement, je travaillais avec une cliente, et cette pensée a émergé pendant une ronde : « Mes filles et ma mère pourraient bénéficier de l'EFT ». On pourrait classer cette pensée parmi les croyances ou les pensées positives. Mais puisque c'est une pensée qui n'a pas de lien direct avec la problématique travaillée, je la classerais dans la catégorie « Autres pensées ».

Quoi faire avec les autres pensées

Il peut m'arriver de prendre en note les autres pensées. Par contre, je n'entreprends pas nécessairement d'action particulière avec celles-ci.

Les nouveaux SER

Finalement, comme émergences, vous avez tous les nouveaux SER qui peuvent apparaître durant ou après la ronde, et qui n'étaient pas là au début de la ronde. L'émergence SER qu'on rencontre le plus souvent, ce sont les sensations du corps.

Quoi faire avec les nouveaux SER

Tous les nouveaux SER qui se présentent après une ronde peuvent devenir la cible EFT de la prochaine ronde. S'il y en a plusieurs, je demande toujours lequel prend le plus de place, et c'est ce SER que j'utilise dans la ronde suivante. Si le SER émerge pendant la ronde, je me mets au service de la connexion et, tout en continuant la ronde, je m'assure que les mots reflètent le mieux possible la sensation qui prend le plus de place ici et maintenant, dans l'univers intérieur de la personne.

Un de mes exemples les plus parlants (*voir aussi chapitre 4, à la page 106*) concerne la séance d'une dame avec laquelle la praticienne EFT décide de nettoyer un abus sexuel possible commis par un proche parent. Le souvenir de la dame est flou, mais elle a des doutes sur ce qui s'est passé. La praticienne amorce les premières rondes d'EFT avec des mots assez explicites en rapport avec les suppositions de la cliente. Les deux femmes constatent rapidement que les rondes ne font ressortir que des sensations physiques, surtout au niveau de la mâchoire et de la bouche. Globalement, elles tapotent de 10 à 15 minutes sur le sujet de l'abus, et le reste de la séance ne comporte que des rondes sur les sensations du corps, lesquelles se modifient en qualité et en quantité, et changent de place d'une ronde à l'autre.

À la séance suivante, la dame raconte : « À la suite de la séance, ce fut très particulier. J'ai été malade pendant pratiquement deux semaines, une grosse grippe d'homme (une forte grippe). Tellement malade que j'ai dû m'absenter du travail. De retour au travail, il s'est produit un phénomène étonnant. Les gens se sont mis à me toucher alors qu'avant, cela ne se produisait jamais, même si je travaille dans un endroit où l'espace est réduit. Il y a même une collègue qui a mis sa tête sur mon épaule. Personne n'aurait fait ça auparavant ». C'est comme si la séance avait modifié quelque chose dans sa relation avec le toucher des autres.

Dans certains cas, les sensations physiques peuvent être assez intenses. Elles peuvent également s'accompagner d'impressions, et on les décrira de la façon suivante : « Je ressens cela, comme si… » On dira par exemple : « Je ressens une douleur vive dans le dos et au niveau du ventre, comme si une épée m'avait transpercé le corps ». J'ai aussi entendu : « Je ressens une pression à la poitrine, comme si une botte appuyait sur mon sternum ». Dans ces cas, on reprend tout simplement les descriptions, et elles deviennent les prochaines cibles EFT. Je peux donc proposer les rondes suivantes :

- « Même si je ressens une douleur vive dans le dos et au niveau du ventre, comme si une épée m'avait transpercé le corps, j'accueille tout cela dans la bienveillance ».
- « Même si je ressens une pression à la poitrine comme si une botte appuyait sur mon sternum, j'accueille tout cela dans la bienveillance ».

Le rien du tout — Le vrai rien et le faux rien

Dans mon travail avec les émergences, j'ai commencé à faire une distinction entre le vrai rien et ce que j'appelle le faux rien. Les événements qui se passent dans le ventre de la mère, à l'accouchement et au début de la vie ne sont pas stockés dans la mémoire de la même façon qu'un événement vécu à 9 ans. Le rappel de ces mémoires se fait souvent avec des sensations, des impressions plutôt qu'avec des images.

Une personne qui a l'impression d'un vide ou de flotter peut vous rapporter qu'il ne se passe rien. Mais si elle compare ce rien avec le rien qu'elle expérimente à tout moment de la journée lorsqu'elle ferme les yeux (ce que j'appelle le vrai rien), elle constatera une différence. Le vrai rien, c'est le rien que vous expérimentez lorsque vous êtes neutre n'importe quand dans la journée et que vous fermez les yeux.

Toute sensation ou impression qui diffère de ce vrai rien est un faux rien, donc quelque chose qu'il vaut la peine de nommer, de considérer et d'explorer. Voici quelques faux riens qu'il est possible d'éprouver :

- une sensation de vide ;
- la sensation de flotter ;
- se sentir petite, minuscule, vulnérable ;
- se sentir figée ;
- voir des couleurs inhabituelles dans le champ de vision intérieur.

Surtout, ne soyez pas stressée avec ce concept de vrai et de faux riens. Commencez par marcher avant de courir. Mettez l'accent sur les émergences énumérées précédemment. Une fois que vous serez parfaitement capable de les discerner, vous pourrez aller à l'étape suivante : distinguer le faux rien du vrai rien.

Comment favoriser les émergences ?

La présente section concerne surtout celles qui accompagnent des gens en EFT. J'ai l'impression que les émergences et leurs possibilités au cours des séances EFT sont sous-estimées dans la communauté EFT. Selon moi, les émergences sont les trésors cachés de l'EFT classique. Une bonne praticienne EFT doit tout faire pour les favoriser, en être informée et les utiliser efficacement. Voici mes trois conseils pour favoriser les émergences et en être informée lorsque vous accompagnez une personne :

1. Éduquez la personne que vous accompagnez :
   - pour l'aider à reconnaître les émergences,
   - pour l'encourager à les communiquer ;
2. Observez le langage non verbal ;
3. Utilisez la demande à l'intelligence du corps.

La première chose que vous devez faire est d'éduquer la personne que vous accompagnez. Vous devez lui expliquer, avec des exemples, ce qui peut se passer dans son univers intérieur pendant et après les rondes EFT, et même entre les rondes. Il n'y a pas que le *tapping* qui provoque des émergences. Les discussions entre les rondes peuvent également faire apparaître certaines émergences.

Vous devez aussi encourager la personne à vous communiquer les émergences qui se présentent. C'est l'occasion de lui expliquer la différence entre le vrai rien et le faux rien, ainsi que la différence entre les émergences qui ont du sens et celles qui, à première vue, n'en ont pas. Vous demandez à la personne de vous communiquer tout, tout, tout, sans filtre. Vous pouvez également passer en revue toutes les catégories d'émergences en donnant des exemples. Mais, surtout, ne donnez pas toute cette information d'un seul coup. L'éducation de la personne qu'on accompagne se fait entre les rondes, lorsque c'est calme ou approprié, et un petit morceau à la fois.

La deuxième chose à faire est d'observer le langage non verbal. Les yeux qui montent vers le haut et partent à gauche, les hésitations (déconcentration) pendant la ronde sont les indices courants qui témoignent que quelque chose de nouveau se passe dans l'univers intérieur de la personne. Dans ces cas, je demande : « Y a-t-il quelque chose qui s'est présenté ? Qui a émergé ? » Ou : « Qu'est-ce qui se passe ? » Puis je rappelle qu'il est important de me communiquer ce qui émerge, dès que cela surgit, pour qu'on soit certain de ne pas l'oublier.

La troisième chose qui peut favoriser les émergences, c'est d'utiliser le pouvoir de l'intention en posant des questions à l'intelligence du corps (c'est la deuxième partie de la phrase EFT). Les émergences apparaissent en EFT même si elles ne sont pas sollicitées. Par contre, elles surgissent encore plus souvent et avec plus de précision lorsqu'on les demande ! Dans le cadre de ce livre, je vous suggère d'avoir recours à cette demande à l'intelligence du corps, surtout lorsque les émergences sembleront ne pas avoir de sens.

Après la ronde — Conclusion

Vous avez maintenant tout ce qu'il vous faut pour faire des rondes EFT efficaces. Le moment après la ronde peut se résumer très simplement. Une fois la ronde terminée, vous fermez les yeux, prenez une grande respiration et observez ce qui se passe. Ce qui se présente doit être nommé, communiqué et considéré ainsi que, dans certains cas, utilisé dans la prochaine ronde ou dans celles à venir.

À ne pas négliger ! C'est dans les émergences que certains cadeaux de l'EFT se cachent !

Suppléments gratuits de la partie 3

Je vous invite à consulter la section « Comment avoir accès aux suppléments gratuits », à la fin du livre, pour pouvoir profiter des documents suivants :

- L'anatomie d'une ronde en une page ;
- L'anatomie d'une ronde — Le *quiz*

PARTIE 4

L'EFT AU QUOTIDIEN

CHAPITRE 9

APAISER SON STRESS ET SURMONTER LES ÉPREUVES

Avec ce que je vous ai présenté jusqu'ici, vous avez tout ce qu'il vous faut pour devenir des pros et vous occuper des perturbations émotionnelles de votre quotidien avec efficacité.

Un jour, une cliente en détresse m'appelle. Son mari vient de la quitter. Cela s'est passé le vendredi soir. Le dimanche matin, je la reçois en urgence chez moi pour l'aider à surmonter cette épreuve. Après une heure d'EFT, elle sort de la séance infiniment plus calme, plus stable, plus forte que lorsqu'elle est entrée. Et savez-vous quoi ? N'importe qui pourrait faire la même chose que moi. Je n'ai utilisé que le contenu de ce livre : les bases de l'EFT. Pour les moments de crise, les petites comme les grandes, l'EFT est l'outil parfait. Ce livre est aussi un très bon point de départ pour les débutantes.

Dans ce chapitre, je vous donne le maximum d'informations pratiques pour que vous puissiez utiliser l'EFT afin de réduire et même d'éliminer le stress de la vie quotidienne et atténuer les chocs que vous pourriez vivre.

1. Les sources de stress au quotidien

Quelles sont les sources de stress au quotidien ? Ce sont des irritants qui rendent votre vie plus ou moins désagréable. Ça pourrait être par exemple :

- au travail, un projet à terminer et le temps qui presse ;
- un ajustement requis au budget parce que les prix augmentent rapidement ;
- un enfant qui vit des difficultés à l'école ;
- une nouvelle douleur qui vous inquiète ;
- un déménagement à planifier ;
- au travail, un déplacement dans une nouvelle équipe ou un nouvel horaire ;
- un conflit avec une conjointe, un beau-parent, une amie, etc. ;

Pour réduire le stress que vous vivez, je vous propose deux portes d'entrée :

- l'ici et maintenant — Aborder un problème sans se reporter à un moment précis ;
- le passé récent — Aborder un problème associé à un événement précis.

Ici et maintenant — Placotons sur le problème en général et tapotons

Pour travailler en mode ici et maintenant, connectez-vous simplement avec votre stress et tapotez en nommant ce qui vous dérange et comment vous vous sentez, sans mentionner un événement précis. Ce genre de travail peut s'accomplir de deux façons. La première utilise le mode placotons et tapotons, que je conseille aux débutantes. La deuxième consiste à faire des rondes EFT classiques. Regardons en détail la première façon, soit l'approche placotons et tapotons :

1. Vous choisissez la source de stress que vous désirez travailler pour cette séance.
2. Vous pensez à votre source de stress.
3. Tout en tapotant, vous exprimez à voix haute tout ce qui vous passe par la tête à propos de ce problème ou de cette source de stress. Mettez l'accent sur ce qui vous dérange et sur ce que cela vous fait vivre. Pas de tabou, pas de restriction. Allez-y, défoulez-vous ! Utilisez les séquences de points qui vous rendent confortable. Personnellement, j'aime bien débuter avec le point du côté de la main et me rendre jusqu'au point sous le bras. Ensuite, je fais des boucles en partant du point au début des sourcils jusqu'au point sous le bras, tant que j'ai des choses à dire. Lorsque je n'ai plus rien à dire, je termine ma longue ronde avec la tête.
4. Une fois que vous n'avez plus rien à dire, vous faites une pause. Fermez les yeux, prenez une bonne respiration et observez ce qui se passe.
5. S'il y a des émergences, vous pouvez tout simplement les placoter et les tapoter jusqu'à l'apaisement. Vous pouvez aussi utiliser les informations des chapitres sur l'anatomie d'une ronde, particulièrement la section « Après la ronde » (*voir la page 191*), pour savoir quoi faire avec les émergences. Vous pouvez ensuite faire des rondes classiques (« Même si… ») avec ce qui se présente.
6. Une fois que le calme est de retour, vous repensez à votre source de stress.
7. S'il reste des choses qui vous dérangent et des « pas-bien », allez-y pour un autre passage placotons et tapotons (étapes 2, 3, 4 et 5) en exprimant librement ce qui est là et en tapotant les points en boucle.

8. Vous reprenez les étapes 4, 5, 6 et 7 jusqu'à ce qu'il n'y ait plus rien qui vous dérange et que le calme soit installé.

Voici un exemple :

- Source de stress : « Mon conjoint laisse traîner ses vêtements sales ».
- En mode placotons et tapotons, cela pourrait ressembler à ceci :
    - CM : « Mon conjoint laisse traîner ses vêtements sales »,
    - DS : « … et ça m'énerve »,
    - CO : « C'est un manque de respect »,
    - SO : « C'est cela. Je ne me sens pas respectée »,
    - SN : « Je fais tellement d'efforts de mon côté pour garder la maison en ordre »,
    - SBo : « C'est la moindre des choses de son côté »,
    - SC : « Il devrait prendre le temps de ramasser ses vêtements »,
    - SBr : « Je trouve tout cela très frustrant »,
    - DS : « Nous en avons parlé plusieurs fois »,
    - CO : « Et il me promet chaque fois qu'il va le faire »,
    - SO : « Il le fait pendant quelques jours et cela recommence »,
    - SN : « C'est vraiment irritant »,
    - SBo : etc.
- Une fois que vous avez terminé, faites une pause, les yeux fermés. Puis prenez une bonne respiration et observez ce qui se passe en vous.
- Pour les rondes suivantes, allez-y en mode placotons et tapotons ou en mode classique, selon les émergences du moment et vos préférences.

- Si, par exemple, une pression au plexus a émergé pendant que vous tapotiez sous la bouche en racontant votre situation stressante, vous pouvez l'inclure dans votre dialogue :
  - SC : « Eh bien, il y a une pression au plexus qui vient d'apparaître »,
  - SBr : « C'est quelque chose que je connais, ce malaise au plexus »,
  - DS : « On dirait une vieille connaissance pas trop agréable qui vient me visiter lorsque je suis stressée »,
  - CO : « Si je mettais une intensité, ce serait un bon 6 sur 10, cette pression au plexus »,
  - SO : etc.
- Vous pourriez aussi arrêter le mode placotons et tapotons et traiter la pression au plexus en mode classique à l'aide de la partie 3 sur l'anatomie d'une ronde (*voir la page 143*). Vous trouverez des exemples concrets du mode classique un peu plus loin dans le présent chapitre. Ne vous en faites pas si vous mélangez les façons de faire de l'EFT. Pour faire de l'EFT efficacement, observez simplement ces quelques critères (bon, le prof Picard va encore répéter quelque chose !) :

  - Ayez une bonne connexion avec la réalité intérieure que vous désirez apaiser ou transformer.
  - Répondez à ces trois questions fondamentales (surtout aux deux premières) :
    - Qu'est-ce qui me dérange ? (Réponse : sept déclencheurs possibles),
    - Comment je me sens ? (Réponse : un ou plusieurs des cinq SERMA),
    - Qu'est-ce que je crois ? (Réponse : vos croyances limitantes),
  - Formulez vos réponses avec précision.

- Une fois calmée, vous repensez à la source de stress ;
- Puis, vous enchaînez un deuxième passage (étapes 2, 3, 4 et 5) en mode placotons et tapotons.
- Vous faites autant de passages qu'il est nécessaire pour vous calmer. Je vous suggère de prendre de 10 à 30 minutes pour vos séances placotons et tapotons sur une situation stressante donnée.

Ici et maintenant — Les rondes EFT classiques sur un problème général

La deuxième façon consiste tout simplement à travailler en mode classique avec une ronde pour chaque aspect :

1. Vous pensez à votre source de stress.
2. Vous nommez la principale chose qui vous dérange et vous dites comment vous vous sentez par rapport à cette chose, ce que cela vous fait vivre. Vous avez alors votre cible EFT pour faire une ronde classique telle que je l'ai présentée dans la partie 3, « L'anatomie d'une ronde » (*voir les pages 150 à 160*).
3. S'il y a des émergences, utilisez les informations de la partie sur l'anatomie d'une ronde (*surtout le chapitre 8, « Après la ronde », page 191 et suivantes*), pour savoir comment vous en servir. Vous pouvez ensuite continuer de faire des rondes classiques (« Même si… ») avec ce qui se présente.
4. Une fois que le calme est de retour, vous repensez à votre source de stress.
5. Vous nommez de nouveau la principale chose qui vous dérange et/ou vous dites comment vous vous sentez, ce que cela vous fait vivre. Il y a de bonnes chances que ce soit différent de la première fois.
6. Vous faites une nouvelle ronde classique avec ce qui prend le plus de place.

7. Vous suivez les étapes 3, 4, 5 et 6 jusqu'à ce qu'il n'y ait plus rien qui vous dérange et que le calme se soit installé.

Voici un exemple dans lequel j'ai délibérément utilisé la même situation que pour l'approche placotons et tapotons :

Source de stress : « Mon conjoint laisse traîner ses vêtements sales ».

En mode classique, cela pourrait ressembler à ceci :

- Quand vous pensez à la source de stress, qu'est-ce qui prend le plus de place ?
    - « Mon conjoint laisse traîner ses vêtements sales et cela m'énerve ».
- Ronde 1 : « Même si cela m'énerve que mon conjoint laisse traîner ses vêtements sales, je m'aime et je m'accepte telle que je suis ».
- Rondes suivantes : selon les émergences du moment.
- Une fois calmée, vous repensez à la source de stress.
- Quand vous pensez à la source de stress, qu'est-ce qui prend le plus de place ?
    - « Je ne me sens pas respectée ».
- Ronde suivante : « Même si je ne me sens pas respectée quand mon conjoint laisse traîner ses vêtements sales, je fais tellement d'efforts de mon côté, je m'aime et je m'accepte telle que je suis ».
- Rondes suivantes : selon les émergences du moment.
- Une fois calmée, vous repensez à la source de stress.
- Quand vous pensez à la source de stress, qu'est-ce qui prend le plus de place ?
    - « Je trouve cela frustrant, irritant, que ce soit à recommencer après chaque discussion sur le sujet ».

- Ronde suivante : « Même si je trouve cela frustrant, irritant, que ce soit à recommencer après chaque discussion sur le sujet, je m'aime et je m'accepte telle que je suis ».
- Rondes suivantes : selon les émergences du moment.
- Une fois calmée, faites un retour sur la source de stress.
- « Quand je pense à la source de stress, qu'est-ce qui prend le plus de place ? ».
- etc.

Le passé récent — Nettoyer un événement précis en mode placotons et tapotons

On utilise la porte d'entrée « passé récent » pour faire un travail d'apaisement sur un moment stressant précis qui a eu lieu récemment (dans les deux ou trois dernières semaines). Au lieu de placoter sur la situation stressante dans son ensemble, de regarder ce qui nous dérange et comment on se sent, on s'attarde à apaiser les charges émotionnelles emmagasinées reliées à un instant précis de la source de stress en question. Tout comme pour la porte d'entrée « ici et maintenant », ce travail peut s'accomplir de deux façons. La première, c'est placotons et tapotons :

1. Tout en tapotant, vous racontez à voix haute ce qui s'est passé lors de cet événement, en mettant l'accent sur ce qui vous dérange et sur ce que cela vous fait vivre. Utilisez les séquences de points qui vous rendent confortable.
2. Une fois que vous n'avez plus rien à dire, vous faites une pause. Fermez les yeux, prenez une bonne respiration et observez ce qui se passe.
3. S'il y a des émergences, vous pouvez les traiter de la façon décrite dans la section « Ici et maintenant — Placotons sur le problème en général et tapotons » (*voir la page 214*).

4. Quand le calme est de retour, vous racontez de nouveau l'événement tout en tapotant. En général, la deuxième version de l'événement sera légèrement différente de la première. Parce que vous avez tapoté, les charges émotionnelles qui prenaient beaucoup de place diminuent, et de nouveaux éléments apparaissent.
5. Vous reprenez les étapes 2, 3 et 4 jusqu'à ce que vous sentiez que l'événement ne vous dérange plus lorsque vous y repensez.

Voici un exemple :

- Événement : « Notre dernière discussion sur les vêtements qui traînent ».
- Racontez l'histoire, en mode placotons et tapotons. Cela pourrait ressembler à :
  - CM : « J'ai une discussion avec Marc, mon conjoint, à propos des vêtements qu'il laisse traîner »,
  - DS : « La discussion s'est bien amorcée. Il semble être dans de bonnes dispositions »,
  - CO : « Mais quand il m'accuse d'être une Germaine [celle qui porte les culottes, qui gère et qui mène], là je commence à bouillir en dedans »,
  - SO : « C'est la quatrième fois que nous avons cette conversation et rien ne change »,
  - SN : « C'est très frustrant »,
  - SBo : « Je n'aime pas son ton lorsqu'il me dit cela »,
  - SC : « Je lui explique que ce n'est pas bien compliqué à faire »,
  - SBr : « Il me dit qu'il a l'impression d'être traité comme un enfant »,

- DS : « Qu'il ne les laisse pas traîner par terre. Qu'il les pose sur la chaise de ma table de maquillage »,
- CO : « C'est toujours moi qui dois les ranger »,
- SO : « Ça tourne toujours en rond ces discussions. J'ai l'impression qu'il ne veut pas faire d'effort et qu'il ne considère pas mes besoins »,
- SN : etc.

- Une fois que c'est terminé, faites une pause, les yeux fermés. Puis prenez une bonne respiration et observez ce qui se passe.
- Faites les rondes suivantes en mode placotons et tapotons ou en mode classique, selon les émergences du moment.
- Une fois calmée, allez-y de nouveau en mode placotons et tapotons pour un deuxième et, éventuellement, un troisième et un quatrième passage, à raconter l'événement.
- etc.

Le passé récent — Nettoyer un événement précis avec les rondes EFT classiques

La deuxième façon consiste tout simplement à travailler en mode classique en choisissant un aspect pour chaque ronde :

1. Vous pensez à l'événement que vous désirez apaiser.
2. Vous nommez la principale chose qui vous dérange et vous dites comment vous vous sentez, ce que cela vous fait vivre. Vous avez alors votre cible EFT pour faire une ronde classique telle que je l'ai présentée dans la partie 3, « L'anatomie d'une ronde » (*voir les pages 150 à 160*).
3. S'il y a des émergences, utilisez les informations de la partie sur l'anatomie d'une ronde, en particulier le chapitre 8, « Après la ronde » (*voir la page 191 et suivantes*), pour savoir comment vous en servir. Vous pouvez ensuite continuer de

faire des rondes classiques (« Même si… ») avec ce qui se présente.

4. Une fois que le calme est de retour, vous repensez à l'événement.
5. Vous décrivez de nouveau la principale chose qui vous dérange et/ou comment vous vous sentez. Il y a de bonnes chances que ce soit différent de la première fois.
6. Vous faites les étapes 3, 4 et 5 jusqu'à ce qu'il n'y ait plus rien qui vous dérange et que le calme se soit installé.

Voici un exemple dans lequel j'ai délibérément utilisé la même situation que pour l'approche placotons et tapotons :

En mode classique, cela pourrait ressembler à ceci :

- Quand vous pensez à l'événement, qu'est-ce qui prend le plus de place ?
    - « Je commence à bouillir quand il me traite de Germaine ».
- Ronde 1 : « Même si je commence à bouillir quand il me traite de Germaine, je m'aime et je m'accepte telle que je suis.
- Rondes suivantes : selon les émergences du moment.
- Une fois calmée, repensez à l'événement.
- Quand vous pensez à l'événement, qu'est-ce qui prend le plus de place ?
    - « Cela fait quatre fois qu'on en discute et rien ne change, c'est très frustrant ».
- Ronde suivante : « Même si ça fait quatre fois qu'on en discute et que rien ne change, et c'est très frustrant, je m'aime et je m'accepte telle que je suis ».
- Rondes suivantes : selon les émergences du moment.
- Une fois calmée, repensez à l'événement.

- Quand vous pensez à l'événement, qu'est-ce qui prend le plus de place ?
    - « Cela tourne en rond ces discussions, je ne sens pas que mes besoins sont considérés ».
- Ronde suivante : « Même si ça tourne en rond ces discussions, je ne sens pas que mes besoins sont considérés, je m'aime et je m'accepte telle que je suis ».
- Rondes suivantes : selon les émergences du moment.
- Une fois calmée, faites un retour sur l'événement.
- Quand vous pensez à l'événement, qu'est-ce qui prend le plus de place ?
- etc.

Je termine cette section sur le stress au quotidien par un rappel important sur le choix des mots dans vos rondes ou vos séances de placotage. Vous savez que vous avez choisi les bons mots si ceux-ci décrivent bien votre univers intérieur. Vous devez formuler ce qui se passe en vous lorsque vous pensez et repensez à l'événement. Vos mots doivent répondre le plus possible à ces deux questions fondamentales :

1. Comment je me sens ?
2. Qu'est-ce qui me dérange ?

2. Les chocs ou les épreuves de la vie

Quand j'écrivais ce livre, pendant une pause entre deux blocs d'écriture, j'ai reçu sur mon téléphone portable un message venant d'une personne proche de moi. Ce message m'a affecté avec intensité, comme si je recevais un coup de couteau dans le ventre. Ce n'est vraiment pas agréable de se retrouver dans cet état. Hélas, la majorité des gens ne savent pas quoi faire lorsque cela se produit. Pour ma part, je n'ai pas perdu de temps ! Je me suis assis, j'ai tapoté en boucle tout en racontant ce qui était là, ici et maintenant, pour moi. Plus je tapotais, plus cette sensation dans le ventre s'apaisait. Et, en même temps, des pensées émergeaient. Ont défilé devant moi de nombreux moments où je me suis senti rejeté. Ce fut une révélation ! Je ne pensais pas qu'il y avait une telle blessure encore active en moi. Par la suite, j'ai pris rendez-vous avec moi-même pour faire un travail davantage en profondeur pour essayer de nettoyer tout cela, une fois pour toutes. Dans cette section, je vous présente ce que vous pouvez faire lorsque vous vivez un choc.

Qu'est-ce qu'un choc de la vie ?

Je définis un choc de la vie comme un moment très précis dans le temps où un déclencheur vous met dans une perturbation émotionnelle très élevée, très rapidement. Je ne parle pas des traumatismes de votre enfance. Je parle plutôt d'événements difficiles que vous avez vécus, que vous vivez actuellement ou que vous vivrez comme adulte.

Voici quelques exemples d'épreuves, de la plus grande à la plus petite. Je me suis inspiré de l'inventaire des sources de stress de Holmes et Rahe, deux chercheurs américains. Bien certainement, tout est relatif. L'ordre peut différer d'une personne à l'autre. J'ai également ajouté d'autres chocs qui ne faisaient pas partie de la liste de ces chercheurs.

Vous constaterez que plus les chocs se trouvent en bas de la liste, plus on entre dans le territoire des sources de stress du quotidien qu'on a vu dans les sections précédentes. Pour caractériser un événement stressant du quotidien, j'aime bien le mot « irritant ». Pour les épreuves de la vie, le mot le plus approprié pour moi est « choc ».

- J'apprends le décès de mon conjoint.
- Mon conjoint m'annonce qu'il veut se séparer.
- J'apprends le décès d'un proche parent.
- Je reçois un diagnostic de maladie grave.
- On m'annonce que je perds mon emploi.
- J'apprends que l'état de santé d'un membre de ma famille se dégrade.
- J'apprends le décès d'un ami proche.

- J'apprends que mon enfant est gai.
- Pendant les relations sexuelles, je constate que la pénétration est de plus en plus douloureuse.
- Mon enfant m'annonce qu'il quitte la maison.
- J'encaisse une remarque assassine de ma belle-mère.
- Mon conjoint pique une colère sans raison.
- J'entre dans un bouchon de la circulation.

L'avantage de ne pas nettoyer un choc

« Drôle de titre ! », direz-vous. Quel pourrait être l'avantage de ne pas s'occuper d'un choc ? Les circonstances de la vie ont fait que j'ai pu rencontrer une cliente quelques heures après une agression sexuelle. Nous avons alors fait une séance EFT en urgence pour apaiser les perturbations émotionnelles qui l'habitaient. Par la suite, la cliente a décidé d'aller porter plainte auprès de la police. Ce fut un petit défi pour elle. Les policières n'étaient pas habituées à recevoir une personne aussi calme après ce type d'agression. Elles avaient donc un doute sur la véracité de son histoire. C'est le même principe si la victime doit témoigner en Cour. Les jurés, mais surtout les juges, s'attendent à observer un certain état émotionnel pendant les témoignages. La victime diminue probablement ses chances de faire « bonne impression » si elle est étonnamment calme en racontant ce qu'elle a subi. Par conséquent, bien sûr, utilisez l'EFT quand vous ou un proche vivez une grande perturbation émotionnelle devant un choc. Toutefois, considérez ce que je viens de raconter si des interactions avec les autorités sont requises.

Les trois phases pour affronter les épreuves de la vie

On peut affronter les épreuves de la vie en trois phases :

1. Affronter le choc (dans l'ici et maintenant, au moment où le choc est vécu).

2. Nettoyer le choc (quelques heures ou quelques jours après le choc).
3. Faire un travail en profondeur.

1. Affronter immédiatement le choc

Il est relativement simple d'affronter un choc de la vie avec l'EFT. Pour les petits et moyens chocs, si cela est possible, tout juste après le choc, prenez vos doigts et entreprenez une ronde en silence en restant connectée avec le déclencheur et le « pas-bien » que vous vivez. Enchaînez des boucles de séquences EFT jusqu'à l'apaisement. Si la connexion est plus forte quand vous parlez et, surtout, si vous êtes en mesure de parler, vous pouvez tout simplement utiliser le mode placotons et tapotons en mettant l'accent sur la manière dont vous vous sentez. Le principal défi est de penser à se servir de ses doigts et de commencer à tapoter.

Le défi est plus difficile pour les grands et les très grands chocs. Si le choc nous fige sur place, il sera très difficile d'avoir le réflexe de commencer le tapotement. L'idéal est d'avoir quelqu'un près de soi qui connaît l'EFT et a lu ce livre, notamment ce qui va suivre.

Si quelqu'un devant vous vient de subir un choc,

- Vous pouvez dans un premier temps l'inviter à faire comme vous et commencer à tapoter sur vous-même pendant que la personne tapote sur elle-même.
- Si faire des séquences EFT s'avère trop compliqué pour la personne, vous pouvez l'inviter à tapoter l'un des points d'urgence classique en EFT : sous la clavicule.
- Si la personne n'est pas en mesure de suivre le tapotement, vous pouvez le faire pour elle, sur elle, en lui demandant préalablement la permission.
- Si tapoter l'ensemble des points est trop intrusif pour la personne en état de choc, que vous êtes trop dans sa bulle, vous

pouvez vous limiter aux points sous la clavicule ou, au minimum, faire le côté de la main.

2. Nettoyer le choc après coup

S'il n'est pas possible de faire du *tapping* immédiatement après le choc, vous pouvez revisiter celui-ci plus tard pour nettoyer toutes les charges émotionnelles emmagasinées dans le corps au moment de l'événement. Vous procédez alors exactement de la même façon que pour le stress au quotidien concernant les événements du passé récent (*voir la section sur le stress au quotidien, pages 220 à 224*). Vous pouvez y aller en mode placotons et tapotons ou avec des rondes classiques. Si le choc est très grand, je vous suggère de vous faire accompagner par une praticienne EFT certifiée.

3. Faire un travail en profondeur

En temps de guerre, les soldats qui vivent les mêmes événements ne souffrent pas tous d'un trauma de la même gravité. Qu'est-ce qui fait que l'impact traumatique est différent d'une personne à l'autre ? Je fais l'hypothèse que les différentes réactions qu'une personne peut vivre devant un choc sont en relation avec sa sensibilité, qui dépend elle-même des événements passés qu'elle a vécus. Si le choc a généré une forte réponse émotionnelle et qu'il a laissé des séquelles, il serait intéressant de faire un travail en profondeur pour désactiver les sensibilités. Ces sensibilités désactivées pourront diminuer les séquelles et feront en sorte qu'un autre choc similaire sera moins intense à vivre et entraînera moins de conséquences négatives. Naturellement, si le choc est très grand, je vous suggère de vous faire accompagner par une praticienne EFT certifiée.

C'est tout simple

De nombreuses personnes n'osent pas se lancer dans l'EFT de manière autonome de peur que cela ne fonctionne pas ou parce qu'elles croient qu'elles ne trouveront pas les bons mots, la bonne phrase EFT. Certaines personnes peuvent craindre d'empirer leur situation en utilisant ce type d'approche. Elles préfèrent ne rien faire, se rabattre sur les protocoles EFT comprenant des phrases toutes construites, ou même se limiter à l'EFT positif.

Se servir de l'EFT pour les irritants du quotidien et les chocs de la vie est un moyen simple et sécuritaire d'introduire cet outil dans ses pratiques de mieux-être. Si vous êtes débutante, ne commencez pas par vos phobies, votre désir de perdre du poids, vos traumatismes d'enfance, votre manque de confiance en vous-même, votre procrastination, vos blocages ou vos autres problématiques chroniques. Je vous conseille, dans un premier temps, de devenir des pros de l'EFT pour diminuer votre stress au quotidien et affronter les épreuves de la vie.

Vous n'avez pas à utiliser l'approche classique (« Même si... ») pour tirer profit de l'EFT. Le plus important en EFT, après le *tapping*, c'est votre connexion avec la réalité intérieure que vous désirez apaiser. N'oubliez pas : les mots ne sont pas obligatoires ; ils ne font que faciliter la connexion avec votre univers intérieur. Je vous suggère donc, pour débuter, de prendre tout simplement vos doigts et de commencer à tapoter. Concentrez-vous sur ce qui vous dérange et sur la façon dont vous vous sentez. C'est tout ! Si vous désirez mettre des mots sur tout cela, allez-y en mode placotons et tapotons. Dans un deuxième temps, une fois que vous serez à l'aise avec cette façon de faire, que vous aurez confiance que cela fonctionne, vous pourrez vous servir de l'approche plus structurée des rondes classiques. N'hésitez pas à vous lancer. Vous avez des « pas-bien » ? Sortez vos doigts et tapotez en vous concentrant sur ces « pas-bien ». C'est la façon la plus simple de faire de l'EFT. Et ça fonctionne ! N'oubliez pas la précision et la persévérance !

CHAPITRE 10

SI L'EFT NE FONCTIONNE PAS

Si l'EFT ne fonctionne pas, il peut y avoir plusieurs raisons. Dans ce chapitre, je vous présente les premières raisons à considérer :

- une meilleure connexion est requise ;
- vous devez faire preuve de plus de précision ;
- vous n'avez pas couvert les aspects importants de la problématique ;
- vous devez trouver et nettoyer la ou les racines du problème ;
- essayez de boire de l'eau plus souvent ;
- des gains secondaires font obstacle à votre travail ;
- la persévérance et la patience sont parfois requises ;
- votre environnement est pollué.

Établir une meilleure connexion

Si je vous demande : « Qu'est-ce qui est le plus important en EFT ? », vous devez me répondre : « C'est la connexion avec notre univers intérieur, ce qu'on veut apaiser ou transformer ». En effet, si vous pensez à votre prochaine sortie avec vos amies pendant vos rondes EFT au sujet de votre peur des serpents, il se peut que vous n'ayez pas trop de résultats. Certaines me diront : « Je n'ai pas d'émotions. Est-ce que cela fonctionne tout de même ? » Je vous répondrai oui. Lors de vos rondes

EFT, il est important de vous concentrer sur ce que vous désirez apaiser, ce qui inclut les déclencheurs qui ont causé vos perturbations émotionnelles. Prêtez également attention à vos sensations physiques. Elles ne doivent pas être sous-estimées. Pour certaines personnes, les émotions sont moins accessibles. C'est le corps qui les manifestera à sa façon.

Si l'EFT ne fonctionne pas, examinez la connexion que vous avez avec votre univers intérieur lorsque vous faites vos rondes EFT.

S'exprimer avec davantage de précision

Dans votre connexion avec votre univers intérieur, plus vous travaillez avec précision, meilleurs sont les résultats. Par exemple, pour une douleur à l'épaule, si l'on décrit la sensation du corps en allant du moins précis au plus précis, cela peut ressembler aux paroles suivantes :

- J'ai mal à l'épaule.
- J'ai une douleur à l'épaule droite.
- J'ai une douleur devant l'épaule droite.
- Ça tire à l'avant de l'épaule droite lorsque je lève le bras.

Pour une personne qui aurait un gros eczéma sur la peau, en allant du moins précis au plus précis, on pourrait le décrire ainsi :

- J'ai honte.
- J'ai honte de mon eczéma sur mes bras.
- J'ai honte quand l'ami de mon conjoint regarde mes plaques d'eczéma sur mes bras.

Si l'EFT ne fonctionne pas, demandez-vous si vous travaillez avec assez de précision.

Couvrir tous les aspects importants

Une problématique a plusieurs facettes. Pour qu'elle disparaisse, toutes les facettes importantes doivent être considérées et tapotées. J'ai travaillé avec une dame pour éliminer sa peur en voiture comme passagère. Voici quelques aspects que nous avons abordés :

- Quand mon conjoint suit une voiture de trop près, je stresse.
- Quand nous sommes sur la voie rapide de droite et que des voitures entrent par la droite, ça serre dans mon ventre.
- Quand on est sur la route et qu'il y a trop de voitures autour, j'étouffe.

Bref, il faut faire une ronde pour chacune des possibilités qui causent ce stress en voiture. Vous devez donc être précise et veiller à garder une bonne connexion avec votre univers intérieur. Lorsque vous vous connectez à vos sources de stress quotidiennes, prenez le temps de traiter une source de stress à la fois et nommez toutes les facettes de ce stress. Pour cette dame qui était stressée en voiture, nous avons fait disparaître son problème à la suite d'une seule séance. Cependant, quelques semaines plus tard, lors de ses vacances dans une région montagneuse du Québec, la dame a de nouveau été stressée après avoir gravi une pente abrupte à une vitesse suffisamment rapide pour ressentir la sensation de tomber dans le vide une fois arrivée en haut. Au cours d'une deuxième séance, nous avons travaillé sur cet aspect particulier, à savoir « l'impression de tomber dans le vide ». Je vous raconterai la suite un peu plus loin. Si l'EFT ne fonctionne pas pour vos sources de stress au quotidien et les chocs de la vie, demandez-vous si tous les aspects du problème (essentiellement les paires déclencheur + SERMA) ont été couverts et tapotés.

Travailler avec les racines

Dans de nombreux cas, le travail au rez-de-chaussée (ici et maintenant ou dans le passé récent) n'est pas suffisant. Vous devez aller au sous-sol (dans le passé lointain) pour trouver et nettoyer les racines. Un arbre, ce sont ses racines qui le tiennent solidement en place. Dans le cas de vos problématiques, les racines correspondent aux événements de votre passé ou à vos croyances, lesquels contribuent à les maintenir en place.

Revenons à la dame stressée en voiture, côté passager. Elle m'a rappelé à la suite de la deuxième séance et m'a dit : « François, ça ne fonctionne pas ! » Elle était disposée à entreprendre une troisième séance. J'ai décidé d'attaquer les racines. Comme hypothèse, j'ai présumé que son stress tirait son origine d'accidents de voiture qu'elle avait eus. Lors de cette troisième séance, nous avons nettoyé toutes les charges émotionnelles et les déclencheurs reliés à deux accidents de voiture qu'elle a vécus.

Quelques jours après la séance, elle m'a contacté : « François, ça n'a toujours pas fonctionné ! », « Hoyoyoye !! C'est un petit défi cette problématique ! » me suis-je dit. Heureusement, elle avait confiance et elle est revenue pour une quatrième séance. Il y avait donc une ou plusieurs racines ailleurs ! Pour trouver la racine, j'ai utilisé l'une de mes clés les plus intéressantes dans ce genre de cas. Je lui ai demandé : « Depuis quand es-tu stressée en voiture ? Qu'est-ce qui s'est passé de particulier dans ta vie à ce moment-là ? » Et là, elle m'a parlé de la fois où, en sortant d'un restaurant avec son amie, elle a glissé sur une plaque de glace et elle est tombée sur le trottoir. Son amie a dû la reconduire en voiture à l'hôpital. Elle s'est donc retrouvée sur le siège du passager, en douleur. Nous avons nettoyé cet événement et... voilà ! Son stress en voiture, côté passager, a disparu.

Si l'EFT ne fonctionne pas quand vous n'explorez que l'ici et maintenant ou le passé récent, vous devrez probablement vous aventurer du côté des racines ou des événements du passé lointain (ou parfois même du côté des croyances).

Si vous travaillez les racines et que cela ne fonctionne pas, vous traitez peut-être les mauvaises racines. Il se peut aussi que vous deviez nettoyer suffisamment d'événements de même nature pour permettre au problème du présent de se résorber.

Si vous croyez que ce sont les racines qui font en sorte que votre travail EFT ne donne pas les résultats espérés pour votre stress au quotidien ou vos chocs de la vie, le seul moyen de le savoir est de consulter une praticienne EFT certifiée. Le travail sur les racines n'est pas couvert en détail dans ce livre. Ce sera peut-être le sujet d'un deuxième livre. À suivre…

Boire de l'eau plus souvent

Nous sommes faites de 70 à 80 % d'eau. L'EFT utilise des circuits énergétiques et certaines personnes prétendent qu'un effet piézoélectrique (production d'électricité avec un choc mécanique) serait à l'œuvre. Et l'on sait bien que l'eau est conductrice d'électricité. C'est donc une bonne chose d'être bien hydratée lorsqu'on fait de l'EFT.

Vérifier les gains secondaires

Vous connaissez sûrement des gens qui disent : « J'ai tout essayé, mais rien ne fonctionne ». Dans ces cas, on peut soupçonner qu'il y a des gains secondaires, des résistances ou des parties rebelles qu'il faut désamorcer pour que le travail direct sur la problématique donne des résultats. L'exemple le plus courant de gain secondaire est celui de la personne qui veut guérir sa maladie ou, à tout le moins, ne pas en vivre les désavantages, mais qui, en même temps, ne veut pas perdre les prestations du gouvernement en lien avec cette maladie, ou veut garder l'attention des autres que cette maladie lui procure. Il y a donc dans un tel cas un conflit intérieur qui est parfois inconscient. Il y a une partie de la personne qui veut guérir, et une partie qui ne veut pas. Il faut alors s'occuper de la partie qui ne veut pas guérir. Ce travail pourra se faire avec une praticienne EFT certifiée.

Faire preuve de persévérance et de patience

Personnellement, je me suis amusé, au début de mon aventure EFT, à essayer d'enrayer ma myopie. J'avais une petite myopie, mais elle était tout de même assez forte pour que je doive porter des lunettes, ce qui me permettait d'être à l'aise quand je regardais au loin. J'ai tapoté pendant 21 jours. Je faisais quelques rondes au moins deux fois par jour. J'ai fait des rondes qui s'adressaient au rez-de-chaussée (à l'ici et maintenant ou au passé récent) et au sous-sol (aux racines ou au passé lointain). Après 21 jours, j'ai arrêté sans avoir l'impression de résultats positifs.

Quelques jours plus tard, j'ai assisté à une formation en salle et j'étais assis à l'arrière sans mes lunettes. L'enseignant s'est mis à écrire au tableau. « Je vais mettre mes lunettes », me suis-je dit, « pour mieux voir. » J'ai mis mes lunettes. Hum... J'ai enlevé mes lunettes. Hum, hum... Je les ai remises, puis je les ai enlevées de nouveau. « Ben cout'donc ! Je vois mieux sans mes lunettes ! » Je me suis mis à regarder par la fenêtre. Toutes les lignes des édifices étaient ultra-nettes ! Je n'ai pratiquement pas mangé à l'heure du repas ce jour-là. J'étais au centre-ville de Montréal. J'ai passé mon temps de repas à me promener dans les rues pour tester mes nouveaux yeux. J'avais retrouvé ma vue à 100 %. Je suis convaincu que ce sont mes 21 jours d'EFT qui ont permis ce petit miracle.

L'EFT peut parfois créer des attentes de rapidité. Si l'on abandonne trop rapidement en se disant que l'EFT ne fonctionne pas, peut-être qu'avec davantage de patience et de persistance, les résultats auraient été au rendez-vous.

Si, à la suite d'un choc, vous affrontez une grande perturbation émotionnelle dans l'ici et maintenant, pour l'apaiser, vous devez tapoter en boucle. Si vous arrêtez après seulement deux ou trois boucles, votre perturbation émotionnelle sera probablement toujours présente. Soyez persistante. Allez-y avec quatre, huit, 10 et, pourquoi pas, 15 ou 20 boucles de suite à l'intérieur de votre ronde.

Dépolluer son environnement

Puisque les méridiens de votre corps sont sollicités lorsque vous faites de l'EFT et que ces méridiens sont en fait des canaux où l'énergie circule, examinez tout perturbateur énergétique si l'EFT ne fonctionne pas. Fermez votre téléphone cellulaire (mettez-le en mode avion), débranchez votre téléphone sans fil, tenez-vous loin de votre routeur sans fil et de votre compteur électrique intelligent, et assurez-vous que votre environnement est le plus « naturel » possible. Certaines personnes prétendent que la pierre noire Shungite aurait des propriétés impressionnantes pour assainir un environnement pollué par les ondes électromagnétiques. À explorer…

L'EFT ne fonctionne pas ? — En êtes-vous certaine ?

Si l'EFT ne fonctionne pas, ce n'est pas parce que le *tapping* n'a pas fait son travail. C'est, la plupart du temps, parce que :

- vous devez trouver d'autres cibles plus adéquates à tapoter ;
- vos cibles doivent être plus précises.

Cela représente parfois un très gros défi. C'est le type de connaissances qui pourrait faire l'objet d'un prochain livre. Ajoutez aux recommandations ci-dessus :

- une bonne connexion avec votre réalité intérieure ;
- un corps bien hydraté ;
- de la persistance dans votre travail.

Vous deviendrez ainsi imbattable dans l'apaisement et la transformation de votre réalité intérieure, quelle que soit votre problématique, votre stress du quotidien ou l'épreuve que vous devez traverser.

CHAPITRE 11

SCRIPTS, PROTOCOLES ET MÉDITATIONS EFT

Vous aimez les scripts, les protocoles et les méditations EFT ? C'est bien. Je suis de ceux qui croient que ces façons de faire de l'EFT peuvent aider. Cependant, ils ne correspondent en rien à l'EFT classique (ou EFT clinique), celui que les praticiennes EFT certifiées utilisent, de même que celui dont on se sert dans le cadre des études scientifiques. Gary Craig, le créateur de la méthode, pense même que ces pratiques sont superficielles par leur nature et parfois dangereuses pour certaines personnes.

Personnellement, je crois que c'est une façon simple et accessible d'être en contact avec l'EFT. Par contre, ne vous faites surtout pas une opinion de l'EFT basée seulement sur les scripts, les protocoles et les méditations EFT. L'EFT classique est beaucoup plus puissant et performant que l'EFT « scripté ». Pour ma part, je n'utilise pas de protocoles EFT. Je préfère le travail personnalisé et en profondeur que permet l'EFT classique.

Qu'est-ce qu'un protocole EFT ?

Un protocole EFT comprend une ou plusieurs rondes que vous pouvez trouver en format écrit, audio ou vidéo, la plupart du temps sur un thème donné. On vous invite à dire des mots ou des phrases préétablis tout en tapotant les points EFT. En règle générale, les mots et les phrases sont différents d'un point à l'autre.

Les protocoles EFT comparés à l'EFT classique

Si l'on analyse les protocoles EFT à la lumière de tout ce que je vous ai présenté dans ce livre, on constate qu'il manque beaucoup d'éléments, lesquels, selon mon expérience, permettent d'assurer un résultat profond et permanent. En effet, on peut constater, quand on se sert des protocoles EFT :

- que la connexion avec la réalité intérieure est, la plupart du temps, de faible à moyenne et, surtout, irrégulière ;
- qu'il pourrait y avoir davantage de précision ;
- que la place accordée aux émergences est limitée.

Une connexion faible et irrégulière avec la réalité intérieure

Dans un protocole EFT, les phrases que vous devez dire ne sont pas personnalisées et, par conséquent, elles ne correspondent pas à 100 % à votre réalité intérieure. Une bonne créatrice de protocoles EFT a vu plusieurs clientes sur un thème donné et elle sera en mesure de créer des phrases qui vont fort probablement correspondre à votre réalité intérieure. Cependant, vous seule êtes en mesure d'atteindre une correspondance de 100 % entre vos phrases et ce que vous vivez intérieurement.

Autre élément qui n'est pas en faveur de la connexion : la structure implique que les mots changent à chaque point tapoté. Donc, si les mots suggérés quand vous tapotez le côté de l'œil résonnent avec votre réalité intérieure à 90 %, que les mots suivants pour le point sous l'œil résonnent en vous à 40 % et que, pour le point suivant, vous avez 80 % de résonance, vous oscillez constamment entre des connexions plus ou moins fortes. Vous expérimentez connexion, déconnexion, reconnexion, déconnexion et ainsi de suite.

Mes suggestions pour favoriser la connexion

Ma première suggestion pour favoriser la connexion quand vous utilisez des protocoles EFT est de bien choisir vos protocoles. Les meilleurs sont ceux qui résonnent le plus avec vous. Idéalement, vous devez avoir l'impression que la créatrice du protocole a lu en vous en concevant son script. Si ce n'est pas le cas, ne perdez pas de temps à employer le protocole en espérant avoir des résultats. Recherchez-en un autre.

Ma deuxième suggestion : servez-vous du bouton Pause. Si une phrase résonne fortement pour vous, je vous suggère d'appuyer sur Pause et de tapoter une séquence de points avec cette même phrase, jusqu'à l'apaisement. Une fois apaisée, vous pourrez reprendre le protocole et appuyer de nouveau sur Pause à la prochaine phrase qui résonne en vous.

Le manque de précision

Puisque les protocoles EFT sont génériques et non personnalisés, les phrases suggérées n'auront pas nécessairement la précision d'une ronde que vous aurez conçue vous-même en vous basant sur votre réalité intérieure. Un protocole EFT pourra vous suggérer des phrases comme les suivantes :

- J'ai vécu des rejets.
- J'ai vécu des punitions.

Ma suggestion pour favoriser la précision

Tout comme pour la connexion, je vous suggère d'utiliser le bouton Pause pour favoriser la précision. Si, par exemple, la phrase « J'ai vécu des rejets » résonne pour vous, vous pouvez mettre le protocole EFT sur pause et entrer en mode placotons et tapotons sur le thème des rejets dans votre vie. Vous exprimez tout ce que vous avez vécu sur le rejet. Lorsque vous n'avez plus rien à dire, vous reprenez le protocole là où vous l'avez arrêté. Vous faites des pauses selon votre inspiration si vous avez l'élan d'être plus précise par rapport à ce qu'on vient de mentionner dans le protocole.

Une place limitée pour les émergences

Puisque le protocole consiste à tapoter tout en répétant ce que la personne dit, il n'y a pas vraiment de place pour les émergences, ces cadeaux ultimes de l'EFT. S'il y a des émergences qui se présentent, vous devez suivre le protocole et les mettre de côté. Par exemple, si vous avez des sensations physiques qui émergent et que vous continuez à suivre le protocole, ces sensations ne seront pas tapotées avec attention.

Ma suggestion pour tirer profit des émergences

Je vous reviens, encore une fois, avec le fameux bouton Pause. Si une émergence surgit, quelle qu'elle soit, je vous suggère d'appuyer sur Pause et de vous en occuper. Au minimum, prenez-la en note. Par exemple, si une pression au plexus s'installe pendant le script, appuyez sur Pause et faites une ou plusieurs rondes classiques ou en mode placotons et tapotons sur cette pression pour l'apaiser. Ensuite, reprenez le protocole. Si une prise de conscience ou un changement de regard se présente, appuyez sur Pause et notez-le.

Des protocoles optimisés grâce au bouton Pause

Vous aimez les protocoles EFT et vous désirez profiter des caractéristiques optimales de l'EFT clinique ? Votre meilleur ami est le bouton Pause. Je vous suggère d'appuyer sur Pause :

- Si les mots que vous entendez résonnent en vous et que vous désirez rester dans cette connexion. Répétez alors les mêmes mots sur plusieurs points.
- Si les mots que vous entendez résonnent en vous, mais que vous désirez vous exprimer de façon plus précise. Adoptez alors le mode placotons et tapotons et exprimez avec autant de précision que possible tout ce que vous portez en vous en lien avec les paroles du protocole.

- Si des émergences se présentent. Prenez alors le temps de les considérer en les prenant en note ou en faisant des rondes EFT supplémentaires pour les apaiser ou les transformer.

Après avoir appuyé sur Pause, faites du *tapping* en suivant l'un des trois scénarios présentés ci-dessus. Ensuite, reprenez le protocole jusqu'au prochain moment où vous sentirez l'appel pour appuyer sur Pause. Vous obtiendrez ainsi le meilleur des deux mondes, c'est-à-dire l'EFT « scripté » et l'EFT classique.

CHAPITRE 12

L'EFT POSITIF

L'EFT positif se retrouve dans les protocoles EFT. Il consiste à faire des rondes seulement avec des formules positives. Il n'y a aucune cible EFT dans une ronde positive. Voici des exemples d'affirmations qui peuvent être tapotées. En règle générale, les gens vont tapoter une affirmation par point :

- Je suis calme et détendue.
- Je suis en paix avec moi-même.
- Je suis libre d'être moi-même.
- L'univers prend soin de moi.

Pour beaucoup, l'EFT positif fait du bien. On bénéficie de l'effet calmant de l'EFT tout en exprimant du positif. Le *tapping* et les phrases positives constituent un duo synergique intéressant pouvant apporter un mieux-être instantané. Si l'on s'en sert avec persistance et persévérance, l'EFT positif peut donner des résultats intéressants.

Certaines personnes refusent de dire des phrases négatives dans leurs rondes EFT. Elles prétendent que « dire du négatif ne va que renforcer le négatif ». Comme ces personnes ne semblent pas avoir compris comment l'EFT classique fonctionne, elles vont préférer ne faire que de l'EFT positif.

L'EFT positif — C'est comme conduire une voiture

Pour moi, faire de l'EFT positif, c'est comme conduire une voiture et appuyer sur la pédale d'accélérateur. Normalement, tout va bien, la voiture avance. Mais si l'EFT positif ne fonctionne pas pour vous, si vous appuyez sur l'accélérateur et que la voiture n'avance pas, c'est tout simplement parce que, en même temps, vous appuyez sur la pédale de frein. Celle-ci représente toutes vos blessures, ainsi que les croyances limitantes qui vous emprisonnent, qui vous empêchent d'avancer et qui ont un effet direct sur votre problème. C'est pour cette raison que, dans l'EFT classique, on tapote pour exprimer et apaiser tous les éléments négatifs reliés à une problématique. On fait de l'EFT positif à la fin, une fois les blessures nettoyées et les croyances limitantes transformées. Je vous suggère donc d'enlever votre pied du frein avant d'appuyer sur l'accélérateur.

S'occuper des éléments négatifs — L'analogie du correcteur orthographique

Faire des rondes d'EFT en nommant les choses négatives, c'est agir comme un correcteur orthographique. Lorsque vous soumettez un texte à un correcteur, celui-ci commence par analyser le texte pour trouver avec précision les éléments négatifs, c'est-à-dire les fautes d'orthographe. Ces fautes sont même soulignées en rouge. À ce moment, dites-vous à votre correcteur : « Non, non, ne souligne pas en rouge. Sinon, la faute a plus de chances de rester dans le texte » ou bien « Non non, ne souligne pas en rouge. Sinon, il y a de nouvelles fautes qui vont s'ajouter » ? Sûrement pas !

Une fois les fautes repérées, vous regardez celles qui sont soulignées et vous appuyez sur un bouton pour lancer la correction. C'est la même chose en EFT. Comment pouvez-vous apaiser les choses négatives si vous ne les nommez pas de façon précise et ne les soulignez pas en rouge, dans un premier temps ? Une fois que vous avez mis en lumière les émotions ou les sensations négatives, vous les tapotez pour les « corriger ».

S'occuper des éléments négatifs — L'analogie des taches sur une vitre

C'est le même principe pour les taches dans vos fenêtres. Lorsque vous finissez de nettoyer une vitre, vous la regardez attentivement pour voir s'il reste des taches. Si vous voyez une tache, vous ne dites pas : « Non, non, il ne faut pas que je regarde la tache trop longtemps. Car plus je vais la regarder, plus elle a de chances de rester sur la vitre » ou bien « Non, non, il ne faut pas que je regarde la tache trop longtemps, car plus je vais la regarder, plus il y aura de nouvelles taches qui vont apparaître ». Certainement pas ! Vous faites plutôt un « pouich » de lave-vitre sur la tache (et non pas à côté, parce que vous travaillez avec précision) et, tout en la regardant attentivement, vous la frottez jusqu'à ce qu'elle disparaisse. Mettre son attention sur l'élément négatif qu'on veut voir disparaître (ou se connecter à cet élément) est fondamental dans l'EFT classique.

Mes suggestions d'activités auprès de ma clientèle

Pour que mes clientes puissent continuer le travail EFT entre les séances, je leur donne souvent des rondes d'EFT positif. Je leur suggère de les faire avant d'aller au lit. Cependant, j'accompagne mes suggestions d'EFT positif d'instructions permettant aux clientes d'effectuer des rondes d'EFT classique. Celles-ci visent à continuer le nettoyage des éléments négatifs amorcé durant nos séances ensemble.

L'EFT positif — Mon petit truc

Si vous tenez absolument à faire de l'EFT positif sans entreprendre d'abord un travail sérieux de nettoyage des éléments négatifs, voici ma petite suggestion. Lorsque vous faites vos rondes positives, soyez attentives aux choses négatives qui pourraient émerger, comme les « oui, mais... », les résistances, les objections, les sensations du corps désagréables ou les pensées non constructives. Si vous repérez ce genre d'élément, vous pouvez choisir de mettre votre tête dans le sable (comme l'autruche) et de les ignorer. Ou vous pouvez arrêter la ronde positive et amorcer des rondes sur les émergences négatives qui se sont présentées. Ces rondes, vous les effectuez en mode classique ou en mode placotons et tapotons selon les principes décrits dans ce livre. Elles vous permettront au moins de soulever un tout petit peu votre pied de la pédale de frein !

Partie 4 — Conclusion

Après avoir lu la partie 4, vous avez tout ce dont vous avez besoin pour affronter le stress au quotidien et les épreuves de la vie. Pour une débutante en EFT, c'est un bon départ. En outre, avec la matière de ce livre, vous possédez toute la compétence nécessaire pour :

- traiter une situation ou un thème donné ;
- travailler un événement donné ;
- découper un thème ou un événement en différents aspects ;
- faire des rondes EFT efficaces avec chacun des aspects.

Vous pouvez faire ce travail de façon non structurée, en mode placotons et tapotons, ou de façon structurée avec des rondes EFT classiques.

La partie 4 boucle la boucle quant à la matière de ce livre. Voici ce que contient la partie 5 :

- J'ai tellement aimé écrire ce livre que je projette d'en écrire un autre. Je vous présente ce que vous pourriez trouver dans cet éventuel deuxième tome.
- J'ajoute plusieurs avenues pour celles qui aimeraient continuer le voyage dans l'univers de l'EFT.
- Je donne les instructions pour avoir accès aux suppléments gratuits.
- Je termine avec mes remerciements.

Suppléments gratuits de la partie 4

Je vous invite à consulter la section « Pour avoir accès aux suppléments gratuits » (*voir la page 261*) pour pouvoir profiter de la vidéo et des textes suivants :

- L'EFT au quotidien en une page ;
- L'EFT au quotidien — Le quiz ;
- Vidéo — Comment installer une nouvelle habitude.

PARTIE 5

CONCLUSION
ET
COMPLÉMENTS

CONCLUSION — ET APRÈS ?

Ce livre vous donne la base qui vous permet d'appliquer l'EFT avec efficacité dans vos vies, dans l'ici et maintenant, pour les irritations et les chocs du quotidien.

Voici mes conseils pour cinq cas de figure, si vous désirez aller plus loin dans votre aventure EFT :

1. Je veux en savoir plus, découvrir l'EFT davantage.
2. Je veux aborder l'une de mes problématiques avec l'EFT.
3. Je veux me former en EFT.
4. Je veux perfectionner mes connaissances et ma pratique de l'EFT.
5. Je veux recevoir une certification de praticienne EFT.

1. Je veux en savoir plus, découvrir l'EFT davantage

Si vous désirez en savoir davantage sur l'EFT, vous avez plusieurs possibilités. Le plus intéressant est d'observer l'EFT à l'œuvre ou de la vivre. Certaines praticiennes et formatrices EFT organisent des séances de *tapping* en groupe. Il y a différentes formules. Dans mon cas, au moment où j'écris ce livre, je m'apprête à commencer ma 10e édition de rencontres en groupe. J'utilise une formule où je travaille individuellement, devant le groupe, avec deux à quatre volontaires par rencontre. Ces rencontres permettent à la personne volontaire d'expérimenter l'EFT pendant environ 20 minutes. Pendant ce temps, les autres participantes observent ce que je fais, ce qui leur permet de voir comment je procède et de découvrir l'effet de l'EFT sur quelques personnes pour différentes problématiques.

Évidemment, vous pouvez découvrir l'EFT de façon très personnalisée en prenant un rendez-vous avec une praticienne EFT. Dans ce cas, assurez-vous que celle-ci a été formée et certifiée par une école ou une association sérieuse et reconnue (*voir le chapitre 2, page 69*).

Si votre budget est limité, voici des possibilités gratuites pour découvrir l'EFT. Le chapitre 2 du présent livre, « 64 raisons pour lesquelles vous devriez apprendre à utiliser l'EFT » est disponible en format vidéo sur apprendreEFT.com. Cette formation et l'adhésion au site sont gratuites. Il existe également des sommets et congrès virtuels sur l'EFT. Dans le monde francophone, les deux plus connus sont le Congrès Virtuel EFT et Le Sommet de l'EFT dans l'Éducation. En règle générale, vous avez accès gratuitement aux conférences web pendant 24 heures. Dans le monde anglophone, il y a plusieurs congrès. Le plus ancien et le plus connu est l'EFT Tapping World Summit.

Dans l'univers de la gratuité, vous trouverez également les chaînes YouTube. La mienne s'appelle ApprendreEFT.com et compte environ 30 vidéos au moment où j'écris ces lignes. Pour les autres chaînes, assurez-vous que la personne qui les pilote est formée et certifiée par une école ou une association sérieuse et reconnue (*voir le chapitre 2, page 69*).

Il existe aussi plusieurs livres en français et en anglais pour découvrir l'EFT. Toutefois, il n'y a rien de tel que la pratique et l'expérimentation avec l'aide d'une personne compétente pour bien saisir les effets et la puissance de l'EFT.

Finalement, il y a les formations EFT. Je les présente avec davantage de détails un peu plus loin dans ce chapitre.

2. Je veux aborder l'une de mes problématiques avec l'EFT

Si vous débutez en EFT, il peut être ardu d'aborder vos problématiques seule. Je vous recommande de commencer par ce que je présente dans ce livre : utiliser le *tapping* pour l'ici et maintenant, pour votre stress au quotidien et, au besoin, pour affronter les chocs de la vie.

Bien certainement, une bonne formation en personne avec beaucoup de pratiques et de démonstrations vous donnera d'excellentes bases pour aborder ensuite, en solo, certaines de vos problématiques.

Pour explorer une de vos problématiques avec l'EFT, l'idéal est de prendre une série de rendez-vous avec une praticienne EFT certifiée et expérimentée. Ces rencontres peuvent prendre deux formes : l'accompagnement ou le *coaching*. Dans l'accompagnement, la praticienne EFT vous guide dans la recherche des racines et dans les rondes à effectuer pour atténuer et même éliminer votre problématique. Dans le *coaching*, il peut y avoir des rondes EFT pendant la séance, mais la praticienne-*coach* vous aidera plutôt à établir un plan de match pour aborder votre problématique. Vous effectuerez les rondes EFT chez vous en solo. Il m'est souvent arrivé de faire des séances mixtes : un mélange de *coaching* et d'accompagnement dans la même séance.

Si votre budget est limité et que vous désirez être guidée à moindre coût, vous pouvez vous porter volontaire dans le cadre d'une rencontre de *tapping* en groupe. Si la praticienne travaille en individuel devant le groupe et que vous êtes choisie, vous profiterez d'une partie de la rencontre pour discuter avec elle et tapoter sur votre problématique.

3. Je veux me former en EFT

Pour vous former en EFT, il existe plusieurs possibilités. La moins chère est l'utilisation de la gratuité sur Internet. Quand vous choisissez, que ce soit un livre numérique, une formation gratuite ou une chaîne YouTube, assurez-vous que la personne qui les offre a été formée et certifiée par une école ou une association sérieuse et reconnue (*voir le chapitre 2, page 69*). Vous recherchez un livre gratuit ? Je vous recommande l'excellent manuel d'EFT International. Au moment où j'écris ces lignes, il est disponible en neuf langues. Vous pouvez télécharger la version française grâce à ce lien : https://eftinternational.org/fr/eft-en-francais/manuel-gratuit-deft-international. Si le lien ne fonctionne plus, vous pourrez retrouver le livre à partir de la page d'accueil du site Web : https://eftinternational.org

Il y a également les livres. Les meilleurs sont ceux qui sont pratiques et comportent plusieurs exemples. Les livres qui sont écrits par des praticiennes et des formatrices EFT certifiées et expérimentées risquent d'être plus fidèles aux principes de l'EFT classique. Si, justement, vous désirez vous approprier l'outil en mode classique, évitez les livres qui proposent des protocoles EFT. Si vous ne pouvez y résister, utilisez-les comme sources d'inspiration pour vous aider à bâtir des phrases que vous tapoterez selon les principes de l'EFT classique. Si vous aimez les protocoles EFT, je vous suggère de les utiliser en suivant mes conseils (*voir le chapitre 11, page 239*).

La formation ultime est celle qu'offre une association ou une école reconnue. C'est une formation en personne et qui laisse beaucoup de place à la pratique et aux démonstrations. On offre habituellement ces formations en deux ou trois niveaux. Les écoles et associations reconnues feront également la distinction entre les formations pour monsieur et madame Tout-le-Monde et les formations pour les futures praticiennes. Chez EFT International, les quelque 120 formatrices réparties dans plus de 20 pays utilisent toutes les mêmes plans de cours et offrent le niveau 1 pour tous. Les niveaux 2 et 3 sont surtout conçus pour les gens en relation d'aide qui désirent accompagner leur clientèle avec l'EFT.

Il existe également plusieurs formations en ligne abordables qui proposent de vous initier à l'EFT à l'aide de vidéos préenregistrées. Si votre budget ne vous permet pas de vous inscrire à la formation ultime mentionnée ci-dessus, assurez-vous que les formations en ligne sont conçues par des formatrices EFT expérimentées et certifiées par des écoles et des associations sérieuses et reconnues (*voir le chapitre 2, page 69*).

4. Je veux perfectionner mes connaissances et ma pratique de l'EFT

La stratégie ultime pour se perfectionner en EFT est d'entreprendre un processus de certification avec une mentore expérimentée et certifiée. Vous serez ainsi guidée dans votre pratique de l'EFT et vous pourrez poser toutes vos questions à votre mentore.

Vous pouvez aussi perfectionner votre pratique de l'EFT en observant une praticienne expérimentée au travail. Vous pouvez le faire en trouvant sur Internet des vidéos gratuites où des praticiennes enregistrent certaines séances pour les partager. J'ai surtout vu cette pratique dans le monde anglophone. Vous pouvez également participer à des rencontres de *tapping* en groupe où l'animatrice-praticienne travaille en individuel avec des volontaires. Vous pourrez ainsi observer le travail de la praticienne. Il est toujours intéressant de voir comment celle-ci abordera telle ou telle problématique.

En matière de formation, vous pouvez vous inscrire à trois niveaux différents.

Bien certainement, plus vous êtes en contact avec l'EFT, plus vous augmentez les chances d'améliorer votre pratique. Livres, sommets et congrès virtuels, chaînes YouTube, blogues, groupes Facebook sont tous des moyens de rester en contact avec l'univers EFT. Toutefois, je vous redonne toujours le même conseil : assurez-vous qu'ils sont pilotés par des praticiennes certifiées et expérimentées.

5. Je veux recevoir une certification de praticienne EFT

La certification comme praticienne EFT vous donne de la crédibilité auprès de votre clientèle, mais, surtout, elle vous permet d'améliorer votre pratique. Mon conseil principal s'applique également dans ce cas. Assurez-vous de choisir une mentore EFT expérimentée et que le processus de certification se fait dans le cadre d'une école ou d'une association sérieuse et reconnue (*voir le chapitre 2, page 69*). Le cœur de la plupart des processus de certification consiste à faire une série de séances EFT avec plusieurs personnes. Vous avez ensuite la possibilité de discuter de ces séances avec votre mentore. Celle-ci pourra ensuite vous éclairer sur les défis et les difficultés que vous devez surmonter.

Un prochain livre ?

Si jamais j'ai le bonheur d'écrire une ou des suites à ce livre, voici quelques idées que j'ai en tête pour aller plus loin avec l'EFT :

- Je veux présenter mes stratégies EFT pour aborder telle ou telle problématique. Par exemple, comment aborder le deuil avec l'EFT. Comment aborder la procrastination, les douleurs, les shémas répétitifs, les difficultés relationelles …
- Je veux écrire sur les croyances limitantes, sur la manière de les cerner et de les transformer en donnant tous les détails ainsi que mes trucs.
- J'aimerais présenter les 10 clés que j'utilise le plus pour trouver les racines d'une problématique. Dans ma formation « niveau 2 EFT International », je décris 29 clés pour trouver les racines (les causes profondes de nos problématiques).
- L'une de ces 10 clés s'appelle le « principe du copier-coller » et elle souligne l'importance des paramètres des problèmes en EFT. C'est une clé que j'utilise à chaque séance. Un de mes exemples typiques est un cas d'insomnie vers 2 heures du matin toutes les nuits. Cette insomnie a débuté une semaine auparavant. Le paramètre important, dans ce cas, est « 2 heures ». Avec le principe du copier-coller, on peut présumer que la source de stress racine s'est fort probablement passée à 2 heures du matin. Effectivement, nous avons trouvé un événement stressant à 2 heures qui a eu lieu une semaine plus tôt, juste avant le début des insomnies. Une fois cette source de stress nettoyé avec l'EFT, les insomnies ont disparu. Le principe du

copier-coller est l'arme secrète qui augmente exponentiellement l'efficacité de mes interventions EFT.

- Je veux écrire sur la manière de nettoyer les événements du passé. Je veux expliquer comment réduire et même éliminer les charges émotionnelles emmagasinées en nous pour un événement du passé. S'il y a une chose dans laquelle l'EFT est ultra-efficace, c'est bien le nettoyage de ce type de charges !

La conclusion de la conclusion

Vous avez entre les mains les 18 années de connaissances et d'expérience en EFT qui m'ont permis de maîtriser les bases et les fondamentaux de cet outil simple et très puissant. Je vous invite à lire et à relire ce livre, particulièrement les chapitres sur les concepts de base et l'anatomie d'une ronde. Et, entre deux lectures, tapotez !

Pour terminer, je vous souhaite un très beau voyage dans l'univers fascinant, surprenant et bienfaisant de l'EFT.

Bon *tapping* !

François

POUR AVOIR ACCÈS AUX SUPPLÉMENTS GRATUITS

Voici à quoi vous avez accès gratuitement pour compléter les enseignements de ce livre :

- **Ma formation** « 64 raisons pour lesquelles vous devriez apprendre et utiliser l'EFT » que vous pouvez retrouver sur https://apprendreEFT.com sous l'onglet Formations, l'item « 64 raisons… ». C'est dans le cadre de cette formation que vous aurez accès aux plus de 120 ressources et références avec lien Internet pour y accéder directement.
- **Le groupe Facebook** pour les lectrices, qui vous donne un accès direct à l'auteur pour lui poser vos questions et lui transmettre vos commentaires. Recherchez, sur Facebook, « Lecteurs de la collection "Découvrir l'EFT autrement" par François Picard » Cliquez sur « Se joindre au groupe ». Vous devez avoir une copie du livre pour accéder à ce groupe et devez répondre aux questions posées pour être acceptée.
- **Les suppléments du livre** qui se composent de documents PDF, de quiz et de vidéos. Pour y accéder, vous n'avez qu'à vous rendre à la page https://apprendreeft.com/tome1-bonus et suivre les instructions (trois étapes simples).

- Les suppléments vous seront facturés 20 $. Mais en ajoutant le code promo **StressEFT%bonus** dans le champ code promo, le montant demandé sera réduit à zéro et vous pourrez accéder aux suppléments gratuitement, sans avoir à entrer votre numéro de carte de crédit. Voici de nouveau la liste des suppléments gratuits associés à ce livre :
    - Quatre parcours selon votre profil (PDF)
    - Partie 1 — Découvrir l'EFT
        - Découvrir l'EFT en une page (PDF)
        - Découvrir l'EFT — le quiz
        - Pour aller plus loin dans la découverte de l'EFT (vidéo)
    - Partie 2 — Les bases de l'EFT
        - Les bases de l'EFT en une page (PDF)
        - Les bases de l'EFT — le quiz
        - Les points essentiels et les trois façons de faire de l'EFT (vidéo)
        - La liste des sensations du corps, des émotions et des ressentis (PDF).
    - Partie 3 — L'Anatomie d'une ronde EFT
        - L'anatomie d'une ronde en une page (PDF)
        - L'anatomie d'une ronde — Le *quiz*
    - Partie 4 — L'EFT au quotidien
        - L'EFT au quotidien en une page (PDF)
        - L'EFT au quotidien — Le quiz
        - Comment installer une nouvelle habitude (vidéo)

REMERCIEMENTS

Ce livre est le résultat d'efforts combinés de plusieurs personnes. J'aimerais souligner la contribution des personnes suivantes.

Roger Callahan qui a été le premier à appliquer le *tapping* sur certains points d'acupuncture pour éliminer certaines problématiques telles les peurs et les phobies.

Quant à Gary Craig, il a repris le travail de Callahan, l'a simplifié et en a permis une diffusion massive pour rendre cette approche facilement accessible.

Bien naturellement, je tiens à remercier les protagonistes de ce livre, celles qui ont instauré mon élan : Karine et Louise. Vous avez eu les détails de la genèse de ce livre dans mon avant-propos.

Un merci particulier à Geneviève qui a été ma première lectrice officielle et qui m'a aidé dans la rédaction d'instructions plus précises pour trouver les points sur le corps.

Merci à mes 13 premier(e)s lectrices et lecteurs attitré(e)s. Leurs commentaires furent inestimables et ont grandement contribué à hausser la qualité de ce livre. Merci à Annabelle, Audray, Benoit, Christine, Erwan, Josée, Lucie et Lucie, Marie Danielle, Michel, Mireille, Nathalie et Nicole.

Merci également à Sébastien, Francis et Frédéric de l'Oasis Sutton. C'est là, en août 2022, que j'ai passé un mois, dans l'une de leurs suites, pour la rédaction de plus de 80 % de ce livre. Merci d'avoir créé ce lieu si inspirant et agréable.

Made in the USA
Monee, IL
19 October 2026

66036585R00144